법률론

정암고전총서 키케로 전집

법률론

키케로

성중모 옮김

아카넷

'정암고전총서'를 펴내며

그리스·로마 고전은 서양 지성사의 뿌리이며 지혜의 보고다. 그러나 이를 한국어로 직접 읽고 검토할 수 있는 원전 번역은 여전히 드물다. 이런 탓에 우리는 서양 사람들의 해석을 수동적으로 수용하는 처지를 완전히 극복하지 못하고 있다. 사상의 수입은 있지만 우리 자신의 사유는 결여된 불균형의 문제를 안고 있는 것이다. 이런 상황은 우리의 삶과 현실을 서양의 문화유산과 연관 지어 사색하고자 할 때 특히 심각한 문제를 야기한다. 우리 자신이 부닥친 문제를 자기 사유 없이 남의 사유를 통해 이해하거나 해결하는 것은 거의 불가능하기 때문이다. 우리의 문제에 대한 인문학적 대안이 때로는 현실을 적확하게 꼬집지 못하는 공허한 메아리로 들리는 것도 그런 이유 때문일 것이다.

한 공동체에서 살아가는 사람들이 자신들의 생각과 말을 나누며 함께 고민하는 문제와 만날 때 인문학은 진정한 울림이 있는 메아리가 될 수 있다. 이것은 우리가 우리의 현실을 함께 고민하는 문제의식을 공유함으로써 가능하겠지만, 그조차도 함께 사유할 수 있는 텍스트가 없다면 요원한 일일 것이다. 사유를 공유할 텍스트가 없을 때는 앎과 말과 함이 분열될 위험에 노출될 수 있기 때문이다. 이런 점에서 진정한 인문학적 탐색은 삶의 현실이라는 텍스트, 그리고 생각을 나눌 수 있는 문헌 텍스트와 만나는 이중의 노력에 의해 가능할 것이다.

현재 한국의 인문학적 상황은 기묘한 이중성을 보이고 있다. 대학 강단의 인문학은 시들어 가고 있는 반면 대중 사회의 인문학은 뜨거운 열풍이 불어 마치 중흥기를 맞이한 듯하다. 그러나 현재의 대중 인문학은 비판적으로 사유하는 인문학이 되지 못하고 자신의 삶을 합리화하는 도구로 전락하는 경향이 없지 않다. 사유 없는 인문학은 대중의 욕망을 충족시키기 위해 소비되는 상품에 지나지 않는다. 정암고전총서 기획은 이와 같은 한계상황을 극복할 수 있는 기본적인 토대를 마련하고자 하는 절실한 문제의식에서 시작되었다.

정암학당은 철학과 문학을 아우르는 서양 고전 문헌의 연구와 번역을 목표로 2000년 임의 학술 단체로 출범했다. 그리고 그 첫 열매로 서양 고전 철학의 시원이라 할 『소크라테스 이전 철학자들의 단편 선집』을 2005년도에 펴냈다. 2008년에는 비영리 공익 법인의 자격을 갖는 공적인 학술 단체의 면모를 갖추고 플라톤 원전 번역을 완결한다는 목표 아래 지금까지 20여 종에 이르는 플라톤 번역서를 내놓았다. 이제 '플라톤 전집' 완간을 눈앞에 두고 있는 시점에 정암학당은 지금까지의 시행착오를 밑거름 삼아 그리스 · 로마의 문사철 고전 문헌을 한국어로 옮기는 고전 번역 운동을 본격적으로 펼치려 한다.

정암학당의 번역 작업은 철저한 연구에 기반한 번역이 되도록 하기 위해 처음부터 공동 독회와 토론을 통해 이루어진다. 번역 초고를 여러 번에 걸쳐 교열, 비평을 하는 공동 독회 세미나를 수행하여 이를 기초로 옮긴이가 최종 수정하는 방식으로 진행된다. 이같이 공동 독회를 통해 번역서를 출간하는 방식은 서양에서도 유래를 찾기 어려운 시스템이다. 공동 독회를 통한 번역은 매우 더디고 고통스러운 작업이지만, 우리는 이 같은 체계적인 비평의 과정을 거칠 때 믿고 읽을 수 있는 텍스트가 탄생할 수 있다고 확신한다. 이런 번역 시스템 때문에 모든 '정암고전총서'에는 공동 윤독자를 병기하기로 한다. 그러나 윤독자들의 비판을 수용할지 여부는 결국 옮긴이가 결정한다는 점에서 번역의 최종 책임은 어디까지나 옮긴이에게 있다. 따라서 공동 윤독에 의한 비판의 과정을 거치되 옮긴이들의 창조적 연구 역량이 자유롭게 발휘될 수 있도록 노력했다.

정암학당은 앞으로 세부 전공 연구자들이 각각의 팀을 이루어 연구와 번역을 병행함으로써 아리스토텔레스 철학 원전, 키케로 전집, 헬레니즘 선집 등의 번역본을 출간할 계획이다. 그리고 이렇게 출간할 번역본에 대한 대중 강연을 마련하여 시민들과 함께 호흡할 수 있는 장을 열어 나갈 것이다. 공익법인인 정암학당은 전적으로 회원들의 후원으로 유지된다는 점에서 정암고전총서는 연구자들의 의지뿐만 아니라 시민들의 소중한 뜻이 모여 세상 밖에 나올 수 있는 셈이다. 이런 점에서 정암고전총서가 일종의 고전 번역 운동으로 자리매김되기를 기대한다.

　　정암고전총서를 시작하는 이 시점에 두려운 마음이 없지 않으나, 이런 노력이 서양 고전 연구의 디딤돌이 될 것이라는 희망, 그리고 새로운 독자들과 만나 새로운 사유의 향연이 펼쳐질 수 있으리라는 기대감 또한 적지 않다. 어려운 출판 여건에도 정암고전총서 출간의 큰 결단을 내린 아카넷 김정호 대표에게 경의와 감사의 뜻을 전한다. 끝으로 정암학당의 기틀을 마련했을 뿐만 아니라 앎과 실천이 일치된 삶의 본을 보여 주신 이정호 선생님께 존경의 마음을 표한다. 그 큰 뜻이 이어질 수 있도록 앞으로도 치열한 연구와 좋은 번역을 내놓는 노력을 다할 것이다.

2018년 11월
정암학당 연구자 일동

'정암고전총서 키케로 전집'을 펴내며

"철학 없이는 우리가 찾는 연설가를 키워 낼 수 없다(Sine philosophia non posse effici quem quaerimus eloquentem)."(키케로, 『연설가』 4.14)

키케로가 생각한 이상적 연설가는 철학적 사유가 뒷받침된 연설가다. 정암학당 키케로 연구 번역팀의 문제의식 역시 여기서 출발한다. 당파를 지키고 정적을 공격하는 수많은 연설문, 연설문 작성의 방법론을 논하는 수사학적 저술, 개인적 시각에서 당대 로마 사회를 증언하는 사적인 편지 등 로마 공화정 말기를 기록한 가장 풍부한 문헌 자료를 남긴 키케로를 전체적으로 이해하는 토대는 그의 철학 저술이다.

키케로의 철학 저술은 그의 모든 저술을 이해하는 벼리가 될

뿐만 아니라, 로마 문명이 희랍 철학을 주체적으로 수용하게 되는 계기를 제공했다는 점에서 중요한 철학사적 의의를 지닌다. 기원전 1세기 전후로 본격화된 희랍 철학자들과의 교류를 통해 회의주의 아카데미아학파, 소요학파, 스토아학파, 에피쿠로스학파, 견유학파 등의 학설이 로마에 소개되고 정착되었으며, 그 과정에서 키케로는 당시 로마 사회의 지적 요구와 실천적 관심을 반영한 철학책들을 라틴어로 저술했다. 그의 철학 저술은 희랍 철학이 로마라는 새로운 용광로에서 뒤섞이고 번역되어 재창조되는 과정을 생생하게 보여 준다.

키케로의 철학 저술에 담긴 내용은 비단 철학에 국한되지 않는다. 정치가로서 탁월한 그의 역할에 비례하여 로마법에 대한 해박한 지식이, 로마 전통에 대한 자긍심과 희랍 문물을 로마에 소개하려는 열정에 의해 희랍과 로마 문학 작품의 주옥같은 구절들이 그의 저술 곳곳에 박혀 있다. 이에 정암학당 키케로 연구 번역팀은 고대 철학, 법학, 문학, 역사 전공자들이 한자리에 모여 함께 그의 작품을 연구하기 시작했고, 이는 이미 10년을 훌쩍 넘겼다. 서로 다른 전공 분야의 이해와 어휘를 조율하는 어려움 속에서도 키케로 강독은 해를 거듭하면서 점차 규모와 체계를 갖추게 되었다. 번역어 색인과 인명 색인이 쌓였고, 미술사를 포함한 인접 학문과의 연계와 접점도 확대되었으며, 이제 키케로의 철학 저술을 출발점으로 삼아 정암고전총서 키케로 전집을 선보인다.

　키케로 전집 출간이라는 이 과감한 도전은 2019년 한국연구재단의 연구소 지원 사업을 통해 획기적으로 진척되었으며, 2020년 이탈리아 토리노 대학 인문학부와의 협약으로 키케로 저술과 관련된 문헌 자료 지원을 받게 되었다. 이 두 기관은 정암고전총서 키케로 번역 전집을 출간하는 데 큰 도움을 주었다. 그러나 이 도전과 성과는 희랍·로마 고전 번역의 토대가 되도록 정암학당의 터를 닦은 이정호 선생님, 이 토대를 같이 다져 주신 원로 선생님들, 20년에 걸친 플라톤 번역의 고된 여정을 마다하지 않은 정암학당 선배 연구원들, 그리고 서양 고대 철학에 대한 애정과 연구자들에 대한 호의로 정암학당을 아껴 주신 후원자들, 흔쾌히 학술 출판을 맡아 준 아카넷 출판사가 없었다면 불가능했을 것이다. 학문 공동체의 면모가 더욱 단단해지는 가운데 우리는 내일 더 큰 파도를 타리라.

2021년 9월
정암고전총서 키케로 전집 번역자 일동

차례

작품 내용 구분

2권

3권

일러두기

1 이 책은 조너선 파월(J. G. F. Powell)이 편집한 키케로의 라틴어 원전 *De republica; De legibus; Cato maior de senectute; Laelius de amicitia*(Oxford: 2006) 중 『법률론』 부분을 옮긴 것이다. 원칙적으로 이 편집본을 따르되 이탈하는 해석을 할 경우에는 주에서 밝혔다. 이외에 참고한 번역본, 주석서, 연구 저술은 참고 문헌에 실었다.

2 『법률론』은 총 3권 71장 179절로 구성되어 있다. 이 책에서는 장은 로마숫자로, 절은 아라비아숫자로 표기했다.

3 본문의 소제목은 옮긴이가 붙인 것이다.

4 파월 편집본에서 내용을 보충한 것은 소괄호〔( )〕로, 원문에 결락된 부분은 대괄호와 말줄임표〔〔…〕〕로 표시하였다. 원문 편집에서 삭제된 부분은 번역하지 않고 필요한 경우엔 각주를 달았다. 본문의 훼손 상태가 심하여 해독이 어려운 부분에는 칼표〔†〕를 달았다.

5 라틴어나 희랍어를 한글로 표기할 때 발음대로 적는 것을 원칙으로 하였으나 오랫동안 관용되어 이미 굳어진 것들은 그대로 살렸다.
　　예) 앗티쿠스 → 아티쿠스, 아테나이 → 아테네

6 라틴어와 희랍어가 각자 명칭을 가지고 있을 경우, 더 익숙한 이름을 택했다.
　　예) '율릭세스(Ulixes)' 대신 '오뒷세우스'

7 키케로는 이 작품에서 법에 대한 본질을 탐구할 뿐만 아니라 실제 법을 제정하기도 한다. 법조문을 만들면서 그는 일부러 의고체(擬古體)를 사용한다. 역자도 번역문에서 한국어의 예스런 뉘앙스를 살려보려 고심하였다. 예컨대 라틴어 법조문 중에 사용된 접속법은 한국어로 '-ㄹ지니라', '-ㄹ지라'도 있지만 '-을지어다(ㄹ지어다)'로 옮겨 보았다. '마땅히 그렇게 하여라'라는 의미라서 딱 들어맞지는 않지만 장중한 느낌은 살릴 수 있다고 판단하였다. 다만 형용사나 동사라도 '못하다'와 같은 상태 또는 '되다'와 같은 변화를 의미하는 경우에는 '-니라'로 옮겼다.

1권

시적 진실과 역사적 진실은 다르다

아티쿠스 ❙ 1 확실히 저기 성림(聖林)하고 이 아르피눔[1] 참나무는 알아보겠네. 『마리우스』[2]에서 자주 읽던 것들이지. 그 참나무가 지금까지 남아 있다면 바로 이것이네. 이건 정말 오래되었군.

퀸투스 물론 아직 남아 있죠, 우리 아티쿠스 형님. 앞으로도 영원히 남아 있을 거고요. 그걸 심은 것은 시재(詩才)였기 때문입니다. 어떤 농부도 경작으로 시인의 시구만큼 오래가는 나무그루를 심을 수는 없는 것이죠.

아티쿠스 대체 어찌 그렇지, 퀸투스? 시인이 심는 건 어떤 것이길래? 내 보기에 자네는 형을 상찬하면서 자기도 과시하는군.[3]

퀸투스 **2** 정말 그렇긴 합니다. 그럴지라도 라틴어가 구사되는 한, 여기에 '마리우스의 참나무'라고 불리는 참나무는 없어지지 않을 겁니다. 이 참나무는, 스카이볼라[4] 님이 형님의 『마리우스』에 대해 말했듯, "무수한 세기에 걸쳐 늙어 갈 것이리니."

당신의 도시 아테네가 요새에 영원한 올리브나무를 실제로 보존할 수 있었다거나, 호메로스의 오뒷세우스가 델로스에서 보았다고 말한 크고도 부드러운 바로 그 야자수[5]를 오늘날에도 그곳에서 볼 수 있다면 모르겠지만요. 다른 많은 것들이 수많은 곳에서 자연적으로 생존할 수 있는 것보다 더 오래 기억에 의해 남아 있습니다. 그래서 한때 "유피테르의 황갈색 사자(使者)가 놀라운 모습을 보이며"[6] 날아올랐던 바로 그 "도토리를 맺는" 참나무가 여기에 아직 있기를! 설령 비바람과 세월이 이 나무를 없애 버리더라도, 이곳에는 사람들이 '마리우스의 참나무'라고 부르는 나무가 서 있을 겁니다.

아티쿠스 **3** 물론 그것을 의심하진 않네. 하지만 퀸투스, 나는 자네가 아니라 저 시인에게 직접 묻고 있네. 마르쿠스 자네의 시구들이 이 참나무를 심었는가, 아니면 자네도 그저 마리우스에게 일어난 바를 전해 받아 쓴 것인가?

마르쿠스 대답함세. 다만 아티쿠스, 자네가 먼저 이것 좀 대답해 보시게. 로물루스가 죽은 후 돌아다니다 현재 자네 집에서 멀지 않은 곳에서[7] 프로쿨루스 율리우스라는 사람에게 자기는 신이고, 자기 이름은 퀴리누스라고 말했고, 그 장소에 자기한테 신전을 바치라고 명했다는 건 사실인가?[8] 또 아테네에서 아퀼로[9]가 오리튀이아를 끌고 간 것이[10] 자네 옛 거주지에서 그리 멀지 않은 곳에서 실제로 일어났는가? 실로 그렇게 전승되고 있잖나.

아티쿠스 **4** 무슨 목적으로 그런 질문을 하는 거지?

마르쿠스 딴 목적은 없고, 다만 이런 식의 전승에 대해 너무 엄밀히 따져선 안 된다는 것뿐이네.

아티쿠스 그러나 『마리우스』의 많은 내용에 관해 그것들이 꾸며진 얘기인지 참말인지 사람들은 궁금해 하지. 게다가 어떤 사람들은, 자네가 최근의 사건과 아르피눔 출신 인물을 다루었기에, 자네에게 진실을 요구하고 있네.

마르쿠스 나는 정녕코 거짓말쟁이로 여겨지고 싶지 않네. 다만 친애하는 티투스,[11] 자네가 말한 그 사람들 참 무식하군. 이런 사안에서 시인이 아니라 법정의 증인에게나 합당할 진실을 요구하고 있으니 말이야. 그 사람들은 누마 왕이 에게리아와 대화한 것이나[12] 독수리가 타르퀴니우스의 머리에 모자를 씌웠다는[13] 것마저도 다 사실로 믿는 게 분명해.

로마인에 의한 로마의 역사 서술이 필요하다

퀸투스 **5** 형님, 제가 이해하기로 역사에서와 시에서 준수할 원칙들이 다르다는 말씀인 거죠?

마르쿠스 물론이지, 퀸투스. 전자에선 모든 것이 진실에 맞춰지는 반면, 후자에선 대체로 쾌락에 맞춰지기 때문이지. 물론 역사의 아버지인 헤로도토스나 테오폼포스[14]에게서도 무수히 많은 가공(架空)의 이야기가 있기는 하지만 말이네.

아티쿠스 Ⅱ 마침내 나는 갈망하던 기회를 잡았고 그것을 놓치지 않으려네.

마르쿠스 티투스, 대체 무슨 기회 말인가?

아티쿠스 오랫동안 사람들은 자네가 역사를 써야 한다고 요청했지. 아니, 거의 조르지 않았나. 역사를 자네가 다룬다면 우리가 거기서도 희랍에 뒤질 게 없을 것이라고 믿기 때문이지. 내 생각을 자네에게 들려준다면, 자네는 학문을 좋아하는 사람들의 열정뿐만 아니라 조국에도 빚지고 있다고 보네. 자네가 구한 그 조국을 자네가 다시 영예롭게도 해야 하는 빚 말이네. 우리 나라 학문엔 역사학이 결여되어 있지. 그것을 나 자신도 알고 있고, 자네가 같은 말을 하는 것도 자주 들었다네. 확실히 자네야말로 이런 요구를 충족시킬 수 있네. 자네도 인정하듯, 이 분과가 바로 연설에 가장 가까운 분야이기 때문이지. **6** 그래서 우리가 부탁하노니, 당장 착수하여 지금껏 우리 나라 저술가들은 알지 못했거나 간과했던 그 작업을 할 시간을 내게. 무미건조하기[15] 비할 데 없는 대제관들의 연대기 후에, 우리가 파비우스[16]나, 자네가 줄곧 입에 올리는 카토[17]나, 또는 심지어 피소[18]나 판니우스[19]나 벤노니우스[20]를 보면, 그들 사이에선 우열이 있을 수 있지만, 그자들을 다 합쳐 봤자 보잘것없지 않은가? 판니우스의 동시대인 코일리우스 안티파테르는 더 격렬하게 토해 내어 힘은 약간 있었으나 세련됨도 능숙함도 없는 거칠고 가꾸어지지 않은 힘뿐이었고, 기껏해야 다른 자들에게 더 조심스럽게 글을 써야 한다는 훈계의 용도밖에 없겠지. 그의 후계자들로 겔리우스,[21] 클로디우스, 아셀리오[22]가 있는데, 이들은 코일리우스 안티파테르에게는 전혀 필적할 수 없고, 옛 저자들과 무기력과 무지에서 비등비등한 수준이었네. **7** 그럼 마케르는 뭣 하러 언급하겠나? 많은 말 중 예리한 면이 있긴 했지만, 희랍인의 무진장한 학식이 아니라 라틴어 싸구려 글쟁이들에게서 가져온 것이었네. 그의 연설에는 많은 부적절한 흥분이 있었고, 뻔뻔함이 극에 달했지. 그의 친구인 시센나[23]는 우리의 모든 역사가들을 월등히 능가했네. 물론 자기 저작을 출판하지 않아 우리가 판단할 수 없는 자들은 빼고 말일세. 그가 연설가로는 결코 자네들 축에 끼지 못했지. 역사 서술에서도 그는 유치한 뭔가를 추구해서, 희랍 서적 중 클레이타르코스[24] 말고는 다른 건 전혀 읽지 않았으며 그 사람을 모방하는 것이 유일한 목표였던 것으로 보이네. 모방에는 성공할 수 있었을지라도 여전히 최고 수준과는 거리가 멀었지. 결국 이 과제는 자네 것이고, 사람들은 자네한테 기대하네. 퀸투스만 달리 생각지 않는다면.

퀸투스 **III 8** 전혀 다르게 생각지 않죠. 실은 우리도 자주 그것에 대해 함께 이야기했습니다. 우리 사이에 약간의 논란이 있었습니다만.

아티쿠스 무슨 논란이었나?

퀸투스 어느 시대부터 시작해야 할지의 문제 말입니다. 저는 가장 이른 시기부터 해야 한다고 생각합니다. 그때를 기록한 것들 중 현재 읽을 수 있는 게 없기 때문입니다. 형님은 자신이 참여했던 모든 사건을 포괄할 수 있는 현대사를 하겠다고 합니다.

아티쿠스 나도 자네 형에게 찬동하고 싶네. 위대한 사건들이 아직 우리 시대의 기억 속에 있기 때문이지. 형은 또 매우 소중한 사람인 그나이우스 폼페이우스[25]를 기릴 수 있을 것이고, 자기가 집정관직[26]을 담당했던, 신이 내려준 영원히 기억될 그해[27]를 다룰 수도 있을 것이네. 그가 속담처럼 '레무스와 로물루스에 대해'[28] 말하는 것보다 이러한 현시대 이야기를 하는 게 나도 더 낫네.

마르쿠스 이것이 이미 오랫동안 내가 요청받는 일이라는 걸 알고 있네, 아티쿠스. 나에게 약간의 여가와 자유 시간이 주어진다면 그 일을 거부하지 않을 거네. 왜냐하면 그러한 큰일이 감행될 수 있는 것은 해야 할 일도 없고 다른 데 정신이 팔리지도 않을 때니까. 결국 두 가지가 필요하지, 근심거리도 없고 업무도 없을 것 말이네.

아티쿠스 **9** 무슨 소리인가! 자넨 우리 로마인 중 누구보다 가장 많은 글을 썼지만, 무슨 여가가 자네에게 주어졌단 말인가?

마르쿠스 자투리 시간이라도 나면 난 놓치지 않으려 했네. 예를 들어, 시골에 머물 수 있는 며칠이 생기면 난 날수에 맞추어 쓸 것을 쓴다네. 그러나 역사 서술은 보장된 여가 없이 시작될 수 없으며 짧은 시간으론 끝낼 수도 없지. 내가 일단 뭔가를 시작했는데 다른 일을 신경 써야 한다면 생각이 아예 막혀버리거든. 그리고 시작한 걸 단번에 끝내는 게 낫지, 중단한 것을 다시 시작하는 것은 쉬운 일이 아니라네.

공화정에 어떠한 법이 적절할까

아티쿠스 **10** 자네 말을 들으니 자네에겐 외교사절직[29]이나 다른 유사한 자유롭고 여유로운 휴식기가 필요하겠군.

마르쿠스 아니 오히려 난 노령의 휴가를 기대하고 있네. 특히 나는 우리 조상들의 관습에 따라 팔걸이의자에 앉아 법률 자문하러 오는 사람은 누구라도 응함으로써 무기력하지 않은 노년의 유쾌하면서도 명예로운 임무를 수행하고 싶으니까 말이네. 그러면 내가 자네가 요청하는 그 일에도, 그밖에 더 큰 효과를 낼 중요한 여러 일에도 맘껏 노력을 쏟을 수 있을 걸세.

아티쿠스 **IV 11** 아무래도 자네의 그 구실은 아무도 용납지 않을 것이고, 자네는 연설을 놓을 수 없을 것이네. 자네가 달라져 다른 연설 방식을 시작했기 때문에 더더욱 그렇지. 자네 친지 로스키우스가 노년에 노래의 음률을 부드럽게 하고 피리 반주도 느리게 만든 것처럼, 자네도 익숙하던 극도로 긴장된 어조를 나날이 어느 정도 완화시키고 있지. 그 결과 이미 자네의 연설은 철학자들의 이완된 언어에서 멀지 않게 되었네. 나이가 아주 많은 노년까지 이 어조는 유지할 수 있기 때문에, 자네에게 소송사건을 맡지 않아도 될 휴가가 주어질 거라고는 생각지 않네.

퀸투스 **12** 분명코 저는 형님이 법률 자문의 응답에 헌신한다면 사람들이 칭송할 것으로 생각해 왔습니다. 그래서 저는 형님이 원하시면 해 봐야 한다고 생각합니다.

마르쿠스 퀸투스, 그 시도에 위험이 없다면 모르겠네. 일을 줄이려다 외려 늘리고, 준비나 연습 없이는 내가 결코 맡지 않는 소송사건 연구에다가 법의 해석만 추가하는 건 아닐까 두렵네. 법에 대한 해석은 노고를 초래한다기보다, 어떤 중요한 사건에 나갈 때면 내가 항상 필요로 하는 연설 전 숙고의 시간을 빼앗아 날 힘들게 할 것이기 때문이지.

아티쿠스 **13** 그럼 지금이 자네가 말한 자투리 시간이니까 이 주제를 우리에게 설명해 주지 않겠나? 또 다른 이들보다 더 정치하게 시민법에 대해 쓰지 않으려나? 내가 스카이볼라 선생님[30] 댁에 다니던 그때 자네가 어린 시절부터 법학을 열심히 하였던 걸 기억하네. 나는 자네가 법학을 완전히 놓을 정도로 연설에 몰두했던 것은 결코 본 적이 없네.

마르쿠스 아티쿠스, 자네는 긴 연설로 날 초대하는군. 우리가 다른 일 하는 걸 퀸투스가 바라지 않는 한 하겠네. 그리고 우리가 휴가 중이니 말하겠네.

퀸투스 저도 기꺼이 듣겠습니다. 제게 더 나은 일이 있겠습니까? 이것 말고 무엇에 오늘을 더 잘 보낼 수 있겠습니까?

마르쿠스 **14** 그럼 우선 산책을 하고 그다음 앉을 자리로 가세. 충분히 걷고 나서 쉬세. 거기서 우리가 주제들을 하나하나 탐구해나가면 즐거움은 계속될 거네.

아티쿠스 우리야 좋지. 괜찮다면 이쪽 리리스강 강둑을 따라 그늘로 걸어가세. 자, 이제 시민법에 대해 자네가 어떻게 생각하는지 설명을 시작해 주게.

마르쿠스 내가 어떻게 생각하느냐고? 나는 우리 나라에 대중을 위하여 법을 해석하고 자문에 답하던 훌륭한 사람들이 있었다고, 다만 그 사람들이 중요한 임무를 수행한다고 공언은 했지만 사소한 일에만 전념했다고 생각하네. 나라의 법만큼 중요한 것이 있는가? 반면 대중에게는 필요하겠지만, 법률 자문에 응하는 직무만큼 빈약한 건 또 뭐가 있겠나? 그러나 난 이 직무를 담당하는 자들이 보편법에 전혀 무관했다고 생각지는 않네. 다만 그들은 자기네들이 시민법이라고 부르는 것을 인민에게 제공하고 싶은 정도까지만 취급했네. 그래서 그 시민법이란 지식으로는 보잘것없고 법 실무에서나 필요하다네. 그렇다면 자네는 나를 어디로 부르는 것이며 무엇을 하라는 것인가? 홈통이나 벽을 규율하는 법에 관한 소책자를 쓰라는 건가, 문답계약[31]이나 판결 방식서[32]를 집성하라는 건가? 그 사항들은 다른 많은 사람들이 이미 상세히 쓰기도 했고, 나에게 기대되는 주제보다 변변치 못한 것들이네.

아티쿠스 **V 15** 내가 기대하는 바가 무언지 자네가 묻는다면 말하지. 자네는 최고의 공화정 형태에 대해 썼으므로[33] 자네가 또 법률에 대해 쓰는 것은 일관된 일 같네. 나는 같은 일을 자네의 바로 그 플라톤이 하였음을 알고 있지. 자네가 존경하는, 다른 모든 사람보다 우위에 놓는, 특히나 사랑하는 그 플라톤 말이네.

마르쿠스 그는 크레테 사람 클레이니아스와 라케다이몬 사람 메길로스와 함께, 그가 말한 대로 어느 여름날 크노소스의 사이프러스나무들이 즐비한 숲길에서 자주 멈추기도 하고 때론 쉬기도 하며 국가의 제도와 최고의 법률에 관하여 토론을 벌였지. 마찬가지로 우리도 푸르고 그늘진 이 강둑의 키 큰 포플러들 사이에서 거닐기도 하고 앉아 쉬기도 하면서, 이 주제에 대해 법정의 관행이 요구하는 것[34]보다는 좀 더 풍성하게 탐구하는 걸 자네는 원하는 거지?

아티쿠스 **16** 나는 진실로 자네에게서 그 주제에 관해 듣기를 고대하네.

마르쿠스 퀸투스는 어떤가?

퀸투스 더없이 좋습니다.

마르쿠스 옳은 말이구나! 자연이 인간에게 부여한 것은 무엇인지, 최상의 것들은 어느 정도나 인간의 정신이 포함하는지, 우리는 어떤 사명을 이행하고 완수하려고 태어나 세상에 나왔는지, 인간들의 신들과의 결합은 어떤 것인지, 그들 사이의 자연적 유대는 또 어떤 것인지 등은 여기가 아닌 다른 논의에서 더 훌륭하게 밝혀지기 어렵다는 점은 알아둘 주시게. 이 주제들이 다 설명되고 나면 법률과 법의 원천을 찾아질 수 있을 테니까 말이네.

보편법과 시민법 중 진정한 법은?

아티쿠스 **17** 그럼, 지금 대부분의 사람들처럼 법정관의 고시,[35] 아니면 조상들처럼 12표법[36]에 의해서가 아니라 철학의 깊은 핵심에서 법학을 끌어내야 한다는 말인가?

마르쿠스 폼포니우스, 우리는 이 논의에서, 어떻게 법률 서류를 작성할 수 있는가나 모든 자문에 대해 무엇을 해답해야 하는가를 따지지는 않을 것이네. 그 일은 중요하다고 치세. 옛날엔 수많은 저명한 인물들에 의해서, 지금은 최고의 권위와 지식을 갖춘 한 사람[37]에 의해서 수행되는 일 아닌가. 그러나 우리는 이 논의에서 보편법과 법률이라는 전 사안을 포괄해야 하네. 그 결과 우리가 시민법이라고 부르는 것은 작고도 좁은 영역으로 국한되겠지. 왜냐하면 우리가 설명해야 하는 것은 바로 법의 본성이며, 그것은 인간의 본성에서 찾아야 하기 때문이네. 그리하여 우리는 시민 공동체가 다스려지는 데 필요한 법률을 고찰하여야 하네. 그다음엔 편찬되고 성문화된 국민의 법과 명령을 고찰하여야 하네. 마지막 것들에서 우리 국민의 '시민법'[38]이라고 불리는 것을 빠뜨릴 수는 없을 것이네.

퀸투스 **VI 18** 그것은 정말로 깊이, 당연히 그래야 하듯이, 근원까지 돌아가 우리가 탐구하는 것을 고찰하는 것입니다. 시민법을 우리와 다르게 가르치는 자들은 정의의 방도를 소송의 방도만큼 가르치지 않습니다.

마르쿠스 그렇지 않네, 퀸투스. 분쟁을 초래하는 것은 법에 대한 지식보다는 오히려 무지이니 말이네. 하지만 그것은 나중에 살펴보세. 지금은 법의 출발점들을 살펴보세.

법은 자연에서 기원하는 옳은 이성이다

법률에서 시작하는 것이 박식한 자들의 견해였네. 모르긴 해도 그들이 옳지. 그들이 정의하듯, 법률이라는 것이 해야 할 바는 명하고 반대의 것은 금하는, 자연에 뿌리내린 이성이라면 말이지. 그러한 이성이 인간의 정신에 확고하게 확립되면 바로 그것이 법률이네. **19** 그리하여 그들은 현명[39]을 법률로 생각하는데, 그것의 힘은 우리에게 옳은 행위를 명하고 악한 짓을 금하는 것이지. 희랍인들은 법률이 희랍어로 '각자에게 자기 것을 배분한다'라는 의미에서 그렇게 불린다고 생각하는데, 우리 말로는 '선택한다'의 의미에서 그렇게 불린다고 보네.[40] 그들은 법률의 본질을 형평에 두는 반면, 우리는 선택에 두기 때문이지. 두 개가 다 법률에 고유하지. 그 생각들이 타당한 주장이기 때문에 나도 대체로 적절한 것으로 인정할 수 있는데, 그렇다면 법의 시초는 법률에서 도출해야 하네. 법률은 자연의 힘이고, 그것이 현명한 자의 정신이자 이성이며, 그것이 법과 불법의 척도이네. 하지만 우리의 모든 논설이 대중의 방식을 따라야 하므로 때로 대중적으로 말하지 않을 수 없어, 명하고 금하려는 것을 성문의 방식으로 제정하는 것을, 대중이 부르듯이 법률이라 부를 수밖에 없네. 그러나 법을 확립하기 위해 최상의 법률로부터 시작해 보세. 이 법률은 어떤 법률도 제정되기 전, 어떤 시민 공동체도 창설되기 영겁 전에 태어났다네.

퀸투스 **20** 그것이 우리가 원하는 논의의 방식에 더 어울리고 알맞습니다.

마르쿠스 그래, 법 자체의 기원을 그 원천에서 구하지 않을 텐가? 그것이 발견되면 우리가 찾는 것들을 어디에 조회할지에 관해선 의심할 여지가 없겠지.

퀸투스 저도 그렇게 해야 한다고 생각합니다.

아티쿠스 나도 자네 아우 생각에 찬동하네.

마르쿠스 그러므로 우리는 스키피오가 여섯 권으로 된 책[41]에서 최선이라고 가르쳐 준 국가의 형태를 유지하고 수호해야 하고, 모든 법률은 그 종류의 국가에 맞춰져야 하며, 도덕이 심겨야 하며, 모든 것이 성문으로 규율될 수는 없기 때문에, 법의 근간을 나는 자연에서 찾을 것인데, 우리는 모든 논의를 자연의 지도를 받아 풀어가야 하네.

아티쿠스 참 옳은 말일세. 실로 자연의 지도를 받으면 결코 오류에 빠지는 일은 있을 수 없지.

이성과 법을 나누어 갖는 신과 인간의 유대

마르쿠스 **VII 21** 폼포니우스, 그럼 자네도(퀸투스의 생각은 내가 알고 있네) 불멸하는 신들의 힘, 자연, 이성, 권능, 정신, 뜻 또는 그밖에 내 생각을 더 명확하게 표현할 수 있는 다른 단어를 써도 되는데, 이런 것에 의하여 전 자연이 지배된다는 생각에 찬동하는가? 자네가 이 생각을 인정하지 않으면, 나는 논변을 바로 거기서부터 시작해야 할 것이기 때문이네.

아티쿠스 자네가 요구하면 기꺼이 찬동하겠네. 새들의 이 지저귐과 강물의 시끄러운 소리 덕분에 나는 동문수학자들[42] 중 누군가 내 말을 들을까 두려워하지 않아도 되니까.

마르쿠스 하지만, 조심하게. 왜냐하면 선인들[43]이 그러하듯 그들은 최고의 인물이 "신은 자기 일로도 남의 일로도 근심치 않는다"라고 쓴 자기 저작의 제1장[44]을 자네가 배신한 사실을 듣게 된다면, 크게 화를 내고 참지 않을 테니까 말이네.

아티쿠스 **22** 부디 계속하게. 내가 자네에게 인정한 것이 어디로 갈지 알고 싶거든.

마르쿠스 지체하지 않음세. 다음이 그 귀결이네. 즉 예지력, 총명함, 다재다능, 예리함, 기억력, 충만한 이성과 판단력 등을 갖춘, 우리가 '인간'이라고 부르는 이 동물이 탁월한 지위를 부여받은 채 최상의 신에 의해 태어났다는 것 말이네. 그만이 홀로 영혼이 있는 수많은 종류의 존재 중 이성과 사고를 나눠 갖고 있고 다른 모든 것들은 없지.[45] 사람에 있는 것만이 아니라 온 하늘과 땅에서도 이성보다 더 신적인 것이 무엇이겠나?[46] 이성은 성장하여 완성되면 합당하게도 '지혜'라고 불리지. **23** 그러므로 이성보다 더 나은 것은 없으며 이성은 신 안에도 인간 안에도 있기 때문에, 인간과 신 사이의 첫 번째 유대는 이성의 유대이네. 그 둘 사이에 이성이 있고, 그 둘 사이에 마찬가지로 옳은 이성도 공통되네. 그리고 이것이 법률이기 때문에 인간들은 법률에 따라서도 신과 합쳐진 것으로 생각되어야 하지. 더 나아가 신들과 인간들 사이에서 법률이 공유되므로, 그들 사이에서 법의 공유도 존재하네. 이것들을 공유하는 자들은 같은 나라의 구성원으로 여겨져야 하네. 더욱이 그들이 동일한 명령과 동일한 권능에 복종한다면 말해 무엇 하겠나. 그런데 그들은 이 천상의 질서, 신적인 정신, 전능한 신에 복종하지. 그래서 이 전 우주는 신들과 인간들의 공동 국가로 간주되어야 하네. 그리고 이에 대해선 적절한 자리에서 언급하겠지만, 국가들에서는 일정한 방식으로 친족 관계에 따라 가족 신분의 차이가 있듯이, 자연에서는 인간들이 신들과의 친족 또는 종족 관계 안에 있는 것은 훨씬 더 웅장하고 훨씬 더 찬란한 것이지.

VIII 24 인간 본성 전반이 문제될 때, 통상 주장되는 것들은 다음과 같은데 확실히 타당하네. 즉 천상의 영구한 운동과 회전이 이루어지던 중 인류를 심을 적기가 있었다는 것이지. 대지에 뿌려지고 심긴 인류는 영혼이라는 신적 선물로 길러졌네. 그리고 인간을 구성한 다른 것들은 필멸하는 종류의 것에서 취해져 취약하고 부패하는 것이지만, 영혼은 신에 의해 생겨난 것이지. 그로부터 우리는 진실로 천상 존재와 친족 관계 또는 종족 관계 또는 혈통 관계에 있다는 것을 알 수 있는 거지. 그리하여 수많은 종 중 사람 외에 신에 대한 어떤 지식이 있는 동물은 없네. 인간 중에서는 어떤 신을 모셔야 할지는 몰라도, 신을 모셔야 한다는 사실 자체를 모를 만큼 극도로 문명화된 종족도 그 정도로 야만의 종족도 없지. **25** 이로부터 다음과 같은 결론이 나오네. 인간에게 신을 안다는 것은 자신이 어디에서 왔는지에 대한 일종의 상기라는 것 말이네. 게다가 덕은 사람과 신에게만 있을 뿐 그 밖의 어떤 다른 종류의 존재에도 없네. 그런데 덕이란 완성되고 극한에 도달한 자연과 다름없네. 그러므로 인간이 신과 갖는 유사성도 자연적인 것이네. 그렇다면 도대체 어떠한 인식이 더 그럴듯하고 더 확실할 수 있겠는가?

그리하여 자연은 인간의 편의와 사용을 위해 엄청난 사물의 풍부함을 기꺼이 베풀어, 생겨난 것들이 우연히 태어난 것이 아니라 우리에게 의도적으로 선사된 것으로 보일 정도네. 곡물이나 과일처럼 비옥한 대지에 퍼부어진 모든 것들뿐만 아니라, 가축도 분명히 인간이 부리고 누리고 먹도록 창조된 것이 분명하네. **26** 실로 자연의 가르침에 따라 무수한 기술이 발견되었다네. 이성은 자연을 모방함으로써 솜씨 좋게 생존에 필요한 것들을 얻었던 것이지.

IX 동일한 자연이 인간 자신에게는 정신의 기민성을 갖추게 해주었을 뿐만 아니라, 인간에게 감각을 말하자면 시종이자 전령으로 주었고, 대부분 사물의 불분명하고 충분히 분절되지 않은 개념[47]들을 지식의 기초로 부여했지. 또 자연은 인간의 재능을 펼치기에 편리하고 적합한 몸의 형태를 주었네. 다른 동물들은 먹이를 향해 고개를 숙이게 만든 반면 인간만은 세워서 친족이자 옛날 집이기도 한 하늘을 보도록 북돋았네. 그다음 자연은 마음 깊은 곳에 숨겨진 성품을 드러내도록 얼굴의 형태를 만들었지. **27** 실로 우리가 느끼는 감정이 무엇이든, 표현이 강력한 눈이 마음 상태가 어떠한지 말해 주고, 사람 이외의 어떤 동물에서도 있을 수 없는 '표정'이라고 불리는 것이 우리의 성품을 드러내지(희랍인들은 그것의 의미를 알고 있으나 그 명칭은 없다네). 신체의 나머지 부분이 갖는 편리와 수완, 목소리의 조절 능력, 인간 유대의 가장 중요한 매개자인 말의 힘 등은 생략하겠네(왜냐하면 이 모든 것이 우리의 논의나 지금 시간에 적절하지 않기 때문이며, 이 주제는 스키피오가 자네가 읽은 그 책[48]에서 충분히 서술했다고 나는 믿네). 이제, 신이 모든 것들 중 제1인자가 되길 원하면서 인간을 낳고 갖춰 주었기 때문에(모든 것을 논의하지는 않겠네), 인간의 자연 자체가 어떠한 선생님도 없이 시작하는 첫 개념들에 기하여 그것들로부터 멀리 나아가 스스로 이성을 강화하고 완성한다네.

법과 이성을 공유하는 인간 사이의 우정

아티쿠스 **X 28** 맙소사, 자네는 법의 출발점을 참 멀리서도 끌어내는군! 하지만 자네의 태도는 내가 자네로부터 시민법에 대해 기대한 바를 서둘러 듣고 싶은 것도 아니고 자네가 자네의 논의를 하려고 오늘 종일을 쓰는 데 나도 기꺼이 따를 것이란 점과 딱 들어맞는군. 이 부분은 자네가 아마 다른 부분들을 위해서 포함시켰겠지만, 그 다른 부분들 자체보다 예비 단계인 이 부분이 오히려 더 중요하네.

마르쿠스 사실 이것들은 중요하지. 하지만 지금은 짧게 다루려네. 그러나 최고로 박식한 자들에 의하여 논의되었던 모든 것들 중 우리가 정의를 위해 태어났고 법은 의견이 아니라 자연에 의해서 확립되었다는 것을 확실히 아는 것보다 가치 있는 것은 결코 없네. 이 점은 실로 인간들의 유대와 결합을 자세히 관찰하면 분명해질 것이네.

29 우리 자신 모두가 서로에 대한 것처럼, 하나가 하나에게 이렇게 흡사하고 같은 것은 없지. 그래서 타락한 관습, 허위의 의견이 박약한 영혼을 특정 방향으로 가도록 비틀고 굽히지 않았다면, 모든 이들이 모든 이와 흡사한 것보다 개인이 자기 자신과 특히 더 흡사하지는 않을 것이네. 그리하여 인간에 대한 정의가 무엇이든 간에 모든 이에게 적용되네. **30** 이것이 같은 종 안에서는 차이가 없다는 데 대한 충분한 논거지. 뭔가 차이가 있다면 하나의 정의가 모든 이에게 적용되지는 않을 테니 말이네. 사실 그 하나로 우리가 짐승을 압도하며, 추리하고 논증하고 반박하고 토론하고 결론내고 논변할 수 있는 이성도 확실히 공통되지. 배운 바는 다르지만, 배우는 능력은 같네. 또 모든 이의 감각에 의하여 동일한 것이 파악되고, 감각을 자극하는 것들은 모든

이의 감각을 자극하네. 내가 앞에서 언급한 영혼에 각인되는 것, 즉 초기 개념들은 마찬가지로 모든 이들에게 각인되네. 또 정신의 통역자 언어도 단어들은 상이하지만 생각은 일치하지. 그리하여 어느 종족의 누구라도 자연이라는 지도자를 얻어 덕에 도달치 못할 자는 없는 것이네.

XI 31 그리고 올바른 것들뿐만 아니라 부정한 것들에서도 인간들의 유사성이 두드러지네. 모든 이는 쾌락에 잡혀 있다는 말이네. 쾌락은 비록 그것이 추함의 미끼이기는 하지만 그럼에도 불구하고 자연적인 선과 같은 것을 갖고 있지. 경쾌함과 달콤함으로 즐겁게 해 주기 때문이네. 이렇게 그것은 정신의 오류에 의하여 뭔가 건강한 것으로 받아들여지지. 또 유사한 무지에 의하여 죽음은 자연의 해체로서 회피되고, 삶은 우리를 태어날 때의 상태로 유지시켜 주기 때문에 추구되지. 고통은 최고의 악으로 여겨지네. 고통의 가혹함 때문이기도 하고 자연의 파멸이 뒤따르는 것으로 보이기 때문이기도 하지. **32** 훌륭함과 영광의 유사성으로 말미암아 훌륭하다고 기려진 자는 복받은 것으로, 영광스럽지 못한 자는 비참한 것으로 여겨지지. 불쾌, 기쁨, 욕망, 두려움 등은 모든 이의 마음에 보편적으로 존재하네. 인간들 각자 다른 의견을 갖는다 해도, 개나 고양이를 신으로 숭배하는 사람들[49]이 다른 민족들이 싸우고 있는 미신과 마찬가지로 분투하지 않는 것은 아니지. 어떤 민족이 예의 바름, 관대함, 감사를 알

40

며 선행을 기억하는 마음을 소중히 여기지 않는가? 어떤 민족이 오만한 자들, 사악한 자들, 잔인한 자들, 감사할 줄 모르는 자들을 물리치고 혐오하지 않는가? 이것들에 기하여 모든 인간이 상호 유대 관계에 있는 것으로 이해된다면, 그 끝은 옳게 살 수 있는 방법으로 인간들이 더 낫게 된다는 것이겠지. 자네들이 이점을 인정한다면, 나머지 부분으로 넘어가겠네. 하지만 자네들이 뭔가를 요청하면 먼저 그것부터 설명하겠네.

아티쿠스 우리 둘의 대표로 내가 대답하자면 그런 건 정말 없네.

마르쿠스 **XII 33** 그리하여 우리는 자연에 의하여 서로 법을 전하고 모두 공유하도록 규정되었다는 결론이 나오네. 그래서 이 토론 전체에서 내가 법은 자연적으로 있다고 말할 때, 다음처럼 이해되기를 바라네. 악습의 타락이 막심하여 자연이 준 일종의 불꽃이 그것에 의해 꺼지고 정반대의 악덕이 생겨나 확고하게 되었네. 그러나 시인[50]이 말했듯, 판단력이 자연과 부합하여 인간들이 인간적인 것 그 무엇도 자신들과 무관한 것은 없다고 생각했더라면[51] 법은 모든 이에 의해 똑같이 준수되었을 것이네. 왜냐하면 자연으로부터 이성을 부여받은 자들은 옳은 이성도 부여받았기 때문이지. 따라서 명하거나 금하는 옳은 이성인 법률도 부여되었네. 게다가 법률이 부여되었다면 법도 주어진 거지. 모든 이에게 이성이 주어졌는데, 그러니 모든 이에게 법이 주어져 있네. [⋯] 그리고 소크라테스가 자연으로부터 유익을 분리한 첫 번째 사람을 저주한 데는 그럴만한 이유가 있네. 그는 이 분리를 모든 무질서의 근원이라고 비난했다네.[52] [···] 어디서 그 피타고라스의 언명[53]이 나왔겠는가? [···]

34 이로부터 명백해지는 것은, 지혜로운 사람이 동등한 덕을 갖춘 누군가에게 아주 넓고도 멀리 퍼져 있는 이 호의를 보였을 때, 어떤 이들[54]에게는 믿기지 않는 것처럼 보이지만 그가 자신을 타인보다 더 사랑하지 않는 일이 일어나는 게 필연적일 것이라는 것이네. 모든 것이 동등하다면 차이 날 게 뭐가 있겠나? 조금이라도 차이가 있을 수 있다면 우정이라는 이름은 이미 사라질 것이지. 즉 그것의 본질은 둘 중 한 사람이 다른 이보다 자신을 위해 무언가를 원하는 순간 소멸되고 마는 것이네.

이 모든 것은 우리가 논의하고 토론할 나머지 부분을 준비하는 것인데, 그럼으로써 법이 자연에 놓여 있다는 것을 더 쉽게 이해할 수 있겠지. 그것에 대해선 아주 조금만 말하고 나서 이 모든 논설의 출발점인 시민법으로 돌아올 것이네.

퀸투스 진짜 아주 조금만 말하세요. 아티쿠스 형님은 좀 다른 생각인 듯하지만, 형님이 지금까지 말했던 바에 근거하여 저는 법이 자연에서 나왔다는 것을 확실히 믿거든요.

옛 철학자들, 특히 아리스토텔레스의 선

아티쿠스 **XIII 35** 내가 어찌 달리 생각할 수 있겠나? 다음과 같은 것들이 이미 밝혀졌으니 말이네. 우선 우리에게는 말하자면 신들의 선물들이 갖추어졌고 장식되어 있고, 둘째로 사람들이 함께 살 하나의 동일하고 공통된 방식이 있으며, 마지막으로 모든 이가 자연의 어떤 관용과 호의로도, 또 법의 유대로도 서로 결합된 것 말이네. 내 생각에는 옳게도 이것들을 참이라고 우리가 인정하였는데, 어찌 우리가 자연에서 법률과 법을 분리할 수 있겠나?

마르쿠스 **36** 맞네. 지금 사정이 그렇지. 그러나 철학자들, 그 옛 사람들 말고 말하자면 지혜의 작업실을 세운 그 사람들의 관행에 따르면, 한때 개괄적으로 자유롭게 논의되었던 것들이 지금은 항목별로 분명하게 다루어지고 있네. 그들은 법이 자연적이라는 것을 별도로 토론하지 않으면 지금 우리 앞에 있는 주제를 충분히 다루는 게 아니라고 생각하기 때문이지.

아티쿠스 그러면 결국 자네는 논의의 자유를 포기하는 것인가, 아니면 자네는 토론할 때 자기 판단에 따르지 않고 다른 이들의 권위에 복종하는 사람인가?

마르쿠스 **37** 티투스, 항상 그런 것은 아니네. 그러나 이 담론의 여정이 무엇인지는 자네가 알지. 우리의 모든 논설은 나라를 굳건히 하기 위하여, 즉 국력[55]을 강화하고 인민을 치유하기 위함이지. 그래서 나는 제대로 준비되지 않고 세심하게 검토되지 않은 원칙을 세우는 우를 범하지 않도록 조심하네. 물론 모든 이에게 찬동받으려는 것이 아니라(그것은 불가능하지), 옳고 훌륭한 모든 것들이 그 자체로 추구되어야 한다고 본 이들, 즉 그 자체로 상찬받을 만한 것 말고 선이라고 들 것은 아무것도 없다[56]거나 또는 적어도 참으로 자신의 힘으로 상찬받을 수 있는 것 아니면 큰 선이라고 여길 수 없다[57]고 생각한 이들의 찬동을 얻으면 되네. **38** 스페우시포스, 크세노크라테스, 폴레몬과 함께 구아카데미아에 머물렀든, 또는 실질적으로는 그들과 같지만 가르치는 방식이 약간 달랐던 아리스토텔레스와 테오프라스토스를 따랐든, 제논의 입장처럼 실질을 변경하지 않고 용어를 변경했든, 지금은 깨지고 극복된 아리스톤의 어렵고 벅찬 교리, 즉 덕과 악덕을 제외하고 나머지는 완벽하게 평등하다는 것을 받아들였든, 그들 모두는 내가 말한 바에 찬동하네. **39** 그러나 탐닉하며 육체의 노예가 된, 인생에서 추구하거나 회피해야 할 것을 쾌락이나 고통으로 정하는 사람들,[58] 그들이 설령 진실을 말한다 해도(여기서 논쟁하고 싶지는 않네) 그들의 정원에서나 말하도록 명하세. 그리고 그들이 전혀 알지도 못하고, 아무것도 알고 싶지 않아 했던 나랏일에 대한 모든 개입에서 당분간 떠나라고 요구하세. 그리고 아르케실라오스와 카르네아데스의 모든 주제를 교란시키는 그 신아카데미아[59]에 대해서 침묵을 요청하세.[60] 우리가 보기에 충분히 능숙하게 갖추어지고 구성된 것으로 여겨지는 것들에 그 학파가 침공하면 막대한 해악을 초래할 것이기 때문이지. 하지만 나는 단지 그 학파를 진정시키고 싶을 뿐이고, 감히 제거하려는 건 아니네.

두려움과 유익함, 인정법은 정의의 기준이 될 수 없다

마르쿠스 **XIV 40** 〔…〕 이런 것들에 있어서 그[61]의 분향(焚香) 없이 우리는 속죄되었지. 그러나 인간에 대한 범죄와 신에 대한 불경건은 속죄가 불가능하네. 그리하여 그들이 죗값을 치르되, 법정 (옛날에는 어디에도 없었고, 오늘날에도 많은 곳에서 없으며 있더라도 아주 자주 거짓된 것이지)이 아니라 복수의 여신들[62]이 그들을 몰고 쫓는 것이네.[63] 물론 신화에서처럼 불타는 횃불에 의해서가 아니라 양심의 가책과 악행을 한다는 의식을 하면서 생기는 고통에 의한 것이지.

인간을 불의로부터 멀어지게 하는 것이 자연이 아니라 처벌이어야 한다면,[64] 처벌의 두려움이 없어졌을 때, 무슨 근심이 악인을 괴롭히겠는가? 그러나 악인 중 누구도 자신이 죄 범했음을 부인하지 않거나 자신의 정당한 고통의 어떤 이유를 지어내지 않거나 범죄의 옹호를 어떤 자연권에서 구하지 않을 만큼 뻔뻔한 자는 결코 없었지. 이런 주장을 악인이 감히 한다면, 선인들은 얼마나 열렬하게 더 실천해야 할까?

추함 자체가 아니라 처벌이, 고문에 대한 두려움이 불의한 범죄의 삶을 막는다면, 아무도 불의하지 않고, 악인은 그저 부주의한 자로 치부되어야 하네. **41** 게다가 우리가 선인이 되는 동기가 훌륭함 자체가 아니라 어떤 유익이나 과실(果實)이라면 우리는 교활한 것일 뿐, 선한 것이 아니지. 증인과 심판인 외에는 아무것도 두려워하지 않는 사람이 어둠 속이라면 무엇을 할까? 그가 한 외떨어진 곳에서 많은 금을 강탈할 수 있는, 허약하며 홀로인 사람을 만난다면 어떻게 할까? 반대로 본성적으로 정의롭고 선한 우리의 이 사람은 그에게 말을 걸고, 도우며, 길로 이끌어 줄 것이네. 그러나 타인을 위해서 아무것도 하지 않고 모든 것을 자기 편익으로 측정하는 사람이라면, 내가 믿기에는 그가 어떻게 행동할지 자네들은 알고 있네. 그런데 그가 만일 그 사람의 생명을 뺏거나 금을 탈취하지 않는다고 주장한다면, 그런 행위가 본성상 추하다고 판단해서가 아니라, 소문이 퍼질까 봐 그리하여 곤란에 빠질까 봐 두려워하기 때문이지. 아, 박식한 사람뿐만 아니라 시골 무지렁이마저 얼굴 붉힐 만할 일이로구나!

XV 42 그러나 가장 어리석은 것은 인민의 관습 또는 법률에 의해 승인된 것은 모두 정당하다고 간주하는 것이네. 법률이 참주의 법률이라도 그러할까? 아테네의 그 30인 참주[65]가 그곳에 법률을 제정하려고 했다면, 또는 모든 아테네인들이 참주의 법률들을 좋아했다면, 그렇다고 그 법률들을 정의롭다고 할 수는 없겠지? "독재관은 처벌받지 않고 시민 중 원하는 누구라도 특히 재판도 없이 죽일 수 있다"라는 우리 간왕[66]이 제정한 법률도 덜하지 않지. 실은 인간 사회를 결합시키는 하나의 법이 따로 있네. 그리고 그 법은 하나의 법률이 제정했네. 그 법률은 명령하고 금지하는 옳은 이성이지. 이 이성을 모르는 자는 그 법률이 어딘가에 쓰여 있든 아니든 불의하네. 그리고 만일 정의가 성문의 법률과 인민의 관습에 대한 복종이라면, 그리고 (동일한 자들[67]이 또 말하듯) 모든 것이 유익에 의하여 측정되어야 한다면, 자신에게 이득이 된다고 생각하는 자는 가능한 한 법률을 무시하고 위반할 것이네. 그 결과 자연에 의하지 않을 경우 정의는 결코 존재하지 않게 될 것이고, 유익에 기하여 제정된 것은 유익에 의하여 붕괴할 것이네.

43 또 법이 자연에 의하여 확정되지 않는다면, 〔…〕 없어질 것이네. 어디에 관후함, 조국 사랑, 경건, 타인에 대하여 좋은 일을 하거나 받은 은혜에 보답하려는 생각 등이 존재할 수 있겠는가? 이것들은 우리가 인간을 사랑하는 경향을 가졌다는 점 때문에 생겨나고, 이 점이 법의 토대이지. 게다가 사람들에 대한 공손뿐만 아니라, 신들에 대한 의식과 종교가 없어질 것이네. 이 의식과 종교는 두려움이 아니라 신과 인간을 결속시키는 결합으로 유지하여야 할 것으로 생각하네. **XVI** 대중의 명령, 지도층의 결

정, 심판인의 법정 등에 의해 법이 제정된다면, 노상강도도 법일 것이고 간통도 법일 것이고 유언 위조도 법일 것이네. 다중의 투표나 의결로 승인되기만 한다면 말이네. **44** 어리석은 자들의 의견과 명령에 그들의 투표로 사물의 본성이 전복될 정도의 큰 권한이 있다면, 왜 그들은 악하고 파멸적인 것들을 선하고 건전한 것으로 간주하여야 한다고 정하지 않는가? 게다가 법률이 불법에서 법을 만들 수 있다면, 같은 법률이 악에서 선을 만들어 낼 수는 없겠는가? 그러나 사실 우리는 자연의 규범 아닌 다른 것으로는 좋은 법률을 나쁜 법률과 결코 구별할 수 없네.

정의와 덕의 기준

그리고 자연에 의하여 법과 불법이 분별될 뿐만 아니라, 일반적으로 모든 훌륭한 것과 추한 것이 구별되지. 그렇게 자연이 우리에게 공통의 개념을 만들어 주고 그것이 우리 마음에서 시작하도록 해 주었기에, 훌륭한 것들은 덕에, 추한 것들은 악덕에 놓여 있는 것이네. **45** 그런데도 그것들이 의견에 기하지 자연에 기하지 않는다고 여기는 것은 정신 나간 짓이네. 이른바 나무의 덕이나 말의 덕(우리는 덕이라는 개념을 엄밀치 않게 사용하지)도 의견이 아니라 자연에 의존하네. 이것이 맞다면, 훌륭한 것과 추한 것도 자연에 의해 구별되어야 하네. 그런데 덕 전체가 의견에 의해 승인되는 것이라면 그것의 부분들도 동일한 것에 의해 승인되네. 그럼 본인의 성품이 아니라 어떤 외적인 것에 기하여 어떤 이가 현명하다고, 아니 그보다는 영리하다고 누가 판단할 수 있겠나? 덕은 완전히 개발된 이성이고 그것은 확실히 자연에 있기 때문이네. 따라서 훌륭함 전체가 마찬가지이네. **XVII** 참과 거짓이나 논리 일관과 논리 모순이 외적인 것이 아니라 그 자체로 판단되듯이, 항상적이고 영속적인 삶의 방식, 즉 덕과, 변덕 즉 악덕은 그 본성에 의하여 심사될 것이네. **46** 〔…〕 우리가 젊은이들의 성정도 마찬가지로 심사하지 않는가? 아니면 성정은 본성으로, 성정에 기반을 두는 덕과 악덕은 다른 것으로 판단할 것인가? 아니면 그것들이 달리 판단되지는 않으나, 훌륭함과 추함이 반드시 자연을 기준으로 삼을 필요는 없다는 것인가? 〔…〕 상찬할 만한 것은 선하며 반드시 자신 안에 상찬받을 근거를 갖고 있지. 선 자체는 의견이 아니라 자연에 의해 정해지기 때문이네. 그렇지 않다면 사람들은 의견으로도 행복할 수 있을 것이네. 무엇이 이보다 더 어리석은 말일 수 있겠나? 그래서 선도 악도 자연에 의해 판단된다면, 그리고 그것들이 자연의 출발점들이라면 당연히 훌륭함과 추함도 동일한 방식으로 구별하여야 하고 자연을 기준으로 삼아야 하네.

47 그러나 의견의 다양성과 사람들의 의견 불일치는 우리를 당혹스럽게 하는데, 감각에서는 그런 일이 발생하지 않기 때문

에 우리는 감각을 자연에 의해 확실한 것으로 생각하네. 반대로 이 사람들에게는 이렇게 저 사람들에게는 저렇게, 같은 사람에게도 항상 동일하게 보이지는 않는 것들은 우리가 허위로 취급하지. 그런 것들은 완전히 틀린 것이지. 반면 우리의 감각은 부모도, 유모도, 교사도, 시인도, 무대도 왜곡할 수 없네. 또 다중의 합의가 진리에서 이탈시키지 못하네. 그런데 마음을 향해선 온갖 매복이 설치되어 있지. 아직 여리고 가공되지 않은 마음을 잡아서 마음대로 물들이고 구부리는, 내가 방금 열거했던 그자들에 의해서거나, 또는 개별 감각 깊숙이 얽혀 들어와 매복해 있는 선의 모방자이자 모든 악들의 어머니인 쾌락에 의해서이지. 이것의 아첨에 타락한 자들은, 좋은 것들은 욕망을 불러일으키는 것이나 달콤함이 없기 때문에 어떤 것들이 자연에 의해 좋은 것인지 충분히 분간을 못하네.

법은 그 자체로 추구해야 한다

XVIII 48 이제 여기 논설 전체를 끝내려는데, 지금까지 기술한 바에서 다음과 같은 명확한 결론이 도출되네. 법도 모든 훌륭한 것처럼 그 자체로 추구되어야 한다는 것 말이네. 사실 모든 선인들은 형평 자체와 법 자체를 사랑하지. 헤매면서 그 자체로 소중히 해서는 안 될 것을 소중히 여기는 것은 선인이 할 일은 아니지. 그리하여 법은 그 자체로 추구되고 존중되어야 하네. 그런데 법이 그렇다면 정의도 그러하네. 그것이 그러하면 여타 덕들도 그 자체로 존중되어야 하네. 관후함은 무엇인가? 무상인가, 보수가 있는가? 보상 없이 관대하다면 무상이네. 보수가 있다면 임약[68]이지. 관후하고 관대하다고 일컬어지는 이는 의무를 따를 뿐, 과실을 따르지 않는다는 것도 의심의 여지가 없네. 따라서 정의도 또한 보상이나 대가를 쥐어짜지 않네. 그러므로 정의는 그 자체로 추구되고, 모든 다른 덕들에도 같은 판단이 내려져야 하네.

49 게다가 만일 덕이 그 자체의 본성이 아니라 이익에 의해 평가된다면, 악덕이라고 불리는 게 마땅할 덕만이 유일한 덕일 걸세. 어떤 행위든 자기 이득을 기준으로 삼을수록 선인은 더더욱 아니지. 그리고 덕을 보상으로만 측정하는 자들은 사악 외의 어떠한 덕도 없다고 생각하네. 타인을 위해 관대하게 행하는 것 말고 다른 것이 더 필요하다면, 자선자가 어디에 있겠는가? 또 사람들이 어떤 이에게 감사를 표시하며 그자를 은혜롭다고 생각하는 것 말고 다른 것이 더 필요하다면, 수혜자는 어디에 있겠는가? 흔히들 말하듯 친구가 그 자체로 온 마음으로 사랑받지 못한다면, 그 성스러운 우정은 어디에 있겠는가? 더 나아가 더 이상 이익이나 과실을 바랄 수 없게 되면 친구는 버려지고 내쳐져야 하지. 이보다 더 끔찍한 말이 있을 수 있을까? 그러나 우정이 그 자체로 존중되어야 한다면 사람들의 유대도 평등도 정의도 그 자

체로 추구되어야 하지. 그렇지 않다면 정의는 결코 있을 수 없네. 정의의 보상을 구하는 것은 가장 불의한 것일 테니 말이네.

XIX 50 그렇다면 적도에 관하여, 절제에 관하여, 자제에 관하여, 또 염치, 수치, 정숙에 관해서는 무엇을 말하겠는가? 사람들이 제멋대로 굴지 않는 이유가 불명예가 두려워서인가, 아니면 법률과 재판이 두려워서인가? 청렴하고 염치 있는 자가 되는 것이 좋은 말을 듣기 위해서이고, 얼굴을 붉히며 부끄러워하는 것은 좋은 평판을 얻기 위해서인가? 정숙은 얘기 꺼내기조차 수치스럽네. 나는 또 악덕 자체로 인하여 변질된 판단 기준이 아니면 피해야 한다고 생각하는 저따위 철학자들이 수치스럽네. **51** 그리고 이것은 어떤가? 우리는 파렴치라는 말이 두려워 간통을 피하는 자들을, 실질적으로는 추함으로써 파렴치에 이르렀음에도, 수치심을 아는 자들이라 부를 수 있겠는가? 상찬할 만하다고 또 비난할 만하다고 생각되는 것의 본성을 떠난다면, 무엇이 제대로 상찬되거나 비난받을 수 있겠는가? 신체의 기형이 현저한 경우 우리에게 역겨움을 줄진대, 추함이 악덕 자체에 의하여 쉬이 인지될 수 있는 영혼의 기형은 우리에게 역겨움을 주지 않겠는가? 무엇이 탐욕보다 더 더럽고, 방탕보다 더 끔찍하고, 비겁보다 더 모욕적이고, 둔함과 어리석음보다 더 저열하다 할 수 있는 게 있는가? 이런 것은 어떤가? 하나의 악덕으로, 때로는 여러 악덕들로 다른 이들을 능가하는 자들을 우리가 비참하다고 하는 것은 손해 또는 결손 또는 어떤 고통 때문인가, 아니면 악덕의 힘과 추함 때문인가? 같은 것이 또한 정반대로 덕이 받는 상찬에 대해서도 말해질 수 있네.

철학자들의 최고선 논쟁은 언어적인 것에 불과하다

52 마지막으로, 다른 것들 때문에 덕이 추구된다면, 필연적으로 덕보다 좋은 것이 있을 걸세. 그럼 그게 돈인가, 관직인가, 외모인가, 건강인가? 이것들이 옆에 있을 때 사소할 뿐 아니라, 얼마나 오래 옆에 있을지 결코 알 수 없지. 말로 하기에 너무 추하지만, 쾌락인가? 아니, 오히려 그것을 멸시하고 거부할 때 덕이 특히나 뚜렷이 보일 것이네.

자네들은 주제와 견해들이 얼마나 긴 연쇄를 이루는지 알겠지? 하나가 다른 하나와 어떻게 연결되어 있는지도 알겠지? 내가 자제하지 않았다면 더 멀리 미끄러져 갔을 것이네.

퀸투스 **XX** 대체 어느 쪽으로 말입니까? 형님, 저는 기꺼이 형님이 이 논변으로써 이끄는 쪽으로 함께 미끄러지렵니다.

마르쿠스 최고선 쪽이지. 모든 것의 기준이 되며, 그것을 성취하기 위하여 모든 행위가 이루어지는 최고선 말이네. 논쟁적 주제이며 석학들의 논란으로 가득 차 있지만 그래도 언젠가는 판단해야 할 문제이지.[69]

아티쿠스 **53** 그게 어찌 가능하겠나, 루키우스 겔리우스가 죽은 마당에?

마르쿠스 그게 대체 무슨 상관인가?

아티쿠스 내가 아테네에서 내 친구 파이드로스[70]에게서 이렇게 들은 기억이 있기에 하는 말이네. 자네랑 친한 겔리우스가 법정관직을 마치고 대집정관[71]으로 희랍에 와 아테네에 있었을 때, 그곳에 있던 모든 철학자들을 한곳으로 소집하여 논쟁을 어떻게든 끝내라고 그들에게 강력하게 지시했다고 하네. 또 그들이 일생을 논쟁으로 낭비할 생각이 아니라면 그 주제에 합의를 할 수 있을 것이라고 말했다고 하네. 동시에 그들이 어떤 합의를 할 수 있다면, 자신도 중재의 노력을 할 것임을 약속했다고 하네.

마르쿠스 참 재미있군, 폼포니우스. 그리고 이 이야기는 많은 이들을 자주 웃게도 했지. 하지만 나는 확실히 구아카데미아와 제논 사이의 중재자로 선임되었으면 하네.

아티쿠스 대체 어떤 뜻인가?

마르쿠스 그들은 한 가지 점에서만 견해가 다르고 나머지 부분에서는 놀라울 정도로 견해가 일치하기 때문이네.[72]

아티쿠스 무슨 말인가? 한 가지 점만 견해가 다르다고?

마르쿠스 **54** 실로 주제에 직결되는 한 가지 점이지. 옛사람들[73]은 우리가 삶에서 도움을 받는 것이 자연에 따르는 것이라면 모두 선하다고 결정했네. 이 사람[74]은 훌륭하지 않으면 선하다고 생각지 않았지.

아티쿠스 작은 불일치라고 자네는 말하지만, 그럼에도 불구하고 모든 것을 가르는 불일치군.

마르쿠스 자네 생각이 맞네. 그들이 말이 아닌 사태에서 불일치한다면 말이네.

아티쿠스 **XXI** 그래서 자네는 내 친구(스승이라곤 감히 말하지 못하겠네) 안티오코스에게 찬동하는군. 나와 함께 한동안 살았었고, 나를 우리의 정원[75]에서 거의 떼어 내어 하마터면 나를 아카데미아에 들어가게 할 뻔한 그에게.

마르쿠스 그 사람은 현명했고 예리했고 자신의 방식에서 완벽했으며 자네도 알다시피 내 친구지. 그렇지만 내가 그에게 모든 것에 동의하는지 안 하는지는 곧 살펴보겠네. 내가 말하고자 하는 바는 다만 저 논쟁 전부가 해결될 수 있다는 것이네.

아티쿠스 **55** 어떻게 그렇다는 것이지?

마르쿠스 키오스의 아리스톤이 '훌륭한 것이 유일한 선이고 추한 것이 유일한 악이며, 다른 모든 것들은 완전히 동등하여 그것들이 있든 없든 아무런 차이가 없다'고 주장했듯, 제논이 또한 그렇게 주장했다면, 그는 크세노크라테스와 아리스토텔레스와 플라톤 학파로부터 크게 차이가 날 것이고 그 두 편[76] 사이에 삶의 방식 전체와 가장 중요한 것에 관하여 이견이 있을 것이네. 그러나 지금, 옛사람들이 최고선이라 불렀던 적합함[77]을 그가 유일한 선이라고 부르고 또 그들이 최고악이라고 불렀던 부적합함[78]을 유일한 악이라 부르며 부, 건강, 미모를 유익한 것들이라 부를 뿐 선이라고는 부르지 않고 빈곤, 병약, 고통을 불리한 것들이라 부르고 악이라고는 부르지 않는 경우, 그는 아리스토텔레스가 생각한 것이나 크세노크라테스가 생각한 것과 같은 것을 생각하는 것이고 다만 다른 식으로 말하는 것뿐이네. 사태가 아니라 말의 이러한 차이에서 최고의 선과 악[79]에 대한 논쟁이 생겨났지. 그 논쟁에서, 12표법이 5보[80]는 사용취득[81]을 인정하지 않는다고 규정했기 때문에, 아카데미아의 오래된 소유지가 저 명민한 사람에 의해 황폐해지는 걸 우리는 허용치 않을 것이네. 그리고 우리는 마밀리우스 법[82]에 따른 단독이 아니라, 12표법에 따라 3인 합의체 재정인[83]으로 경계를 획정할 것이네.[84]

퀸투스 **56** 그럼 우리 판결은 어떤 것일까요?[85]

마르쿠스 소크라테스가 정한 경계를 찾아내어 준수하라는 판결이겠지.

퀸투스 탁월하십니다, 형님! 이제 형님은 시민법과 법률의 용어들을 구사하기 시작하셨는데, 그 영역에 대한 형님의 논의를 기대하고 있습니다. 형님한테서도 자주 들었지만, 그 논의의 판단은 중대하기 때문입니다. 그러나 적어도 상황은 이러합니다. 자연에 따라 사는 것, 즉 덕에 따라 적절하고 적합한 삶을 향유하는 것이 최고선이라는 것입니다. 또는 자연을 따르고 말하자면 그것의 법률에 따라 사는 것, 즉 (할 수 있는 한) 자연이 요청하는 것들에 도달하는 데 아무것도 간과하지 않는 것이죠. 또 이렇게도 말할 수 있겠죠. 법률에 따르는 듯 덕에 따라 사는 것이라고. 그리하여 이에 대해 판단이 될지 모르겠습니다만, 적어도 우리가 하기로 한 것을 끝장 보려 한다면, 이 논의에서는 판단될 수 없음이 확실합니다.

마르쿠스 **XXII 57** 나는 이쪽으로 이탈했지만 원치 않은 것은 아니네.

퀸투스 그건 다른 때 해도 될 것입니다. 지금은 우리가 시작한 것을 진행하죠! 특히 최고의 선과 악에 대한 그 견해 대립이 우리의 것과 무관하기 때문입니다.

마르쿠스 아주 현명하게 말하는군, 퀸투스. 왜냐하면 내가 지금까지 말한 것이 〔…〕

퀸투스 그런데 저는 형님한테서 뤼쿠르고스의 법률이나 솔론, 카론다스, 잘레우코스[86]의 법률이나 우리의 12표법이나 평민회 결의[87]를 원치 않습니다. 형님에게서 기대하는 것은, 오늘의 논의에서 민족들과 개인들에게 사는데 필요한 법률이나 준칙을 전수해 주는 것입니다.

철학, 즉 지혜만이 추구할 만한 것이다

마르쿠스 **58** 사실 자네가 기대하는 바가 이 논의에 걸맞네, 퀸투스. 그것이 내 능력 안에 있기를! 그러나 확실히 상황은 이러하네. 즉 법률은 악덕의 교정자이자 덕의 권장자여야 하므로 그것으로부터 삶의 이론이 도출되는 것이지. 또 지혜(그것에 대한 사랑이라는 희랍어 단어에서 철학이 이름을 찾았네)[88]가 모든 선한 것들의 어머니가 되고 [⋯] 되는 것이네. 불멸의 신들에 의해 아무것도 그 지혜보다 더 풍부한 것, 더 찬란한 것, 더 고귀한 것을 인간의 삶에 부여받지 않았네. 그 지혜가 홀로 다른 모든 일을, 특히 세상에서 가장 어려운 것을 우리에게 가르쳐 주었기 때문이지. 즉 우리 자신을 알라는 것 말이네. 이 가르침은 힘이 너무나 세고 내용이 너무나 커 일개 사람에게가 아니라 델피의 신[89]에게 돌려지고 있네.

59 왜냐하면 자기 자신을 아는 자는 우선 자신이 무언가 신성한 것을 갖고 있으며 자신 안에 자신의 지성을 말하자면 어떤 신성한 것의 모상으로서 생각할 것이기 때문이네. 그리고 그가 행하고 생각하는 어떤 것도 언제나 신들의 그 큰 은사에 값하며, 또 그가 자신을 속속들이 살펴보고 모든 것을 시험해 보고 나면, 자신이 어떻게 자연에 의해 갖추어져 이 삶에 왔는지, 지혜를 획득하고 성취하기 위해 얼마나 크고 많은 수단들을 가졌는지 이

해하게 될 것이네. 왜냐하면 처음에 그는 모든 사물에 대해서, 말하자면 희미한 개념들을 영혼과 지성으로 품었고, 지혜의 지도로 그 개념들이 밝혀지면 자신이 선인이 되고 바로 그 이유로 행복하게 될 것을 분간케 될 것이기 때문이네.

XXIII 60 영혼이 덕을 인지하고 파악한 후 육체에 대한 복종과 육체의 탐닉에서 떠나고, 또 쾌락을 불명예의 어떤 얼룩으로 제압하고, 모든 죽음과 고통의 공포에서 피하고, 자신의 동류와 애정의 유대 관계로 들어가고, 자연적으로 결합된 모든 이를 자신의 동류로 여기고, 신들에 대한 예배와 정결한 종교를 받아들이고, 선을 선택하고 그 반대의 것을 거부하기 위하여 눈의 시선처럼 지성의 시선을 벼렸을 때(이 덕은 미리 보기 때문에 현명이라고 불리네), 무엇이 이것보다 행복하다 말할 수 있겠는가?

61 같은 그 영혼이 하늘, 땅, 바다와 전 자연을 자세히 살펴보고 이것들이 어디에서 태어났는지, 어디로 돌아갈 것인지, 어떻게 사멸할 것인지, 그들 안에 무엇이 필멸이고 무상한지, 무엇이 신적이고 영원한지 보았을 때, 심지어 그것들을 조종하고 다스리는 신을 거의 잡았을 때, 자신을 어느 장소의 성벽에 둘러싸인 존재가 아니라 하나의 도시[90]와 같은 전 우주의 시민으로 인식했을 때, 사물들의 이 웅장함에서 그리고 자연에 대한 개관과 인식에서, 오 불멸의 신들이여! 그는 얼마나 (퓌티아의 아폴론[91]이 가르친바) 자기 자신을 잘 알겠는가? 또 그는 속세에서는 굉장하다고

불리는 것들을 얼마나 경멸할 것이며, 멸시할 것이며, 아무것도 아닌 것으로 여길 것인가!

XXIV 62 그리고 영혼은 이 모든 것들을 토론의 방법, 참과 거짓을 판단하는 앎, 각각의 것에서 무엇이 귀결되는지와 각각의 것에 무엇이 모순되는지 이해하는 어떤 기술로써 담장을 두르듯 요새화할 것이네. 그리고 영혼 자신이 시민적 유대를 위하여 태어났다고 깨달을 때, 그 섬세한 토론뿐만 아니라 더 확장된 지속 연설[92]도 이용해야 한다고 깨달을 것이네. 그것으로 민족들을 다스리고, 그것으로 법률들을 확정하고, 그것으로 악인들을 징벌하고, 그것으로 선인들을 보호하고, 그것으로 위인들을 칭송하고, 그것으로 자기 시민들한테 설득력 있게 안녕과 영광의 지침들을 발하고, 그것으로 적합함을 권장하고, 악행으로부터 돌아오게 만들고, 절망에 빠진 자들을 위로하고, 용자와 현자의 언행을 악인들의 오명과 함께 영원히 기억되게 만들 수 있네. 자기 자신을 알고자 하는 자들은 이토록 많고도 위대한 것들이 인간 안에 있다고 통찰하고 있는데, 그것들의 부모이자 양육자는 지혜[93]이네.

아티쿠스 **63** 지혜는 자네에 의해 진지하고 참되게 칭송되었네. 그런데 이게 무슨 의미인가?

마르쿠스 폼포니우스, 우선 우리가 이제 다루려고 하고 대단히 중요하다고 주장하려는 그것들[94]로 이끄네. 기원인 것들[95]이 위대하지 않다면 흘러나온 것들도 대단치 못할 것이기 때문이네. 그다음 나는 즐겁게 또 희망컨대, 옳게 다음 것을 해 나갈 것이네. 내 열정이 사로잡힌 그것, 나를 지금의 모습으로 만들어준 그것을 묵과할 수는 없기 때문이지.

아티쿠스 자네는 옳게 응당 할 말을 적절하게 하였네. 그리고 자네도 말하듯, 우리 논의에서 해야 했던 바이지.

2권

최적의 토론 장소

아티쿠스 **1** 이제 우리가 충분히 걸었고 자네가 새로운 논설을 시작해야 하기 때문에, 우리가 자리를 바꾸어 피브레누스강, 내 생각에 이게 아마 또 다른 강의 이름일 텐데, 이 강에 있는 섬에 앉아서 나머지 논의에 힘쓰는 게 어떤가?

마르쿠스 아주 좋지. 마침 나도 뭔가를 혼자서 상량하거나 쓰거나 읽을 때 그곳을 아주 즐겨 사용하고 있네.

아티쿠스 **2** 사실 난 바로 지금 이곳에 왔는데 정말 질릴 수밖에 없고, 화려한 별장과 대리석 포장도로와 판재를 깐 지붕 같은 것은 내 무시하네. 그런데 여기의 풍광을 본다면, 어떤 작자들이

'나일'이나 '에우리포스'[1]라고 부르는 수로들을 비웃지 않을 사람이 있을까?[2] 그리하여 자네가 조금 전에 법률과 법을 논하면서 자연을 모든 것의 기준으로 삼았듯이, 마음의 휴식과 오락을 위해 추구되는 이것들에서도 자연이 지배하네. 그 때문에 전에는 나도 의아해했네. 이곳에 바위와 산 말고는 아무것도 생각지 못했기 때문인데, 자네의 언설과 시구에 따라 그랬었네. 내가 말했듯 자네가 그렇게나 강렬하게 이곳을 좋아한 걸 의아해했지. 지금은 반대로 자네가 로마에 없을 때 여기 말고 다른 어딘가에 있을 수 있다는 게 의아스럽네.

마르쿠스 **3** 특히 이 계절에 며칠 동안 떠날 수 있을 때, 나는 여기의 매력과 건강함을 찾아오네. 물론 그러기는 거의 어렵지만. 그러나 분명히 나는 즐거운 또 다른 이유가 있지. 그것은 자네와 그다지 관련이 있진 않네.

아티쿠스 그 이유가 대체 뭔가?

마르쿠스 사실을 말하자면, 이곳은 나와 내 아우의 참된 조국이지. 여기서 우리의 아주 오래된 혈통이 기원하네. 여기에 제사가, 여기에 가문이, 여기에 조상들의 많은 자취가 있지. 무슨 말을 더 하리오? 자네는 이 집의 오늘날 모습을 보고 있지만, 그건 우리 아버지의 열정으로 증축된 것이네. 그는 건강이 좋지 않으셔서 여기서 일생의 대부분을 학문을 연구하며 지냈지. 바로 이 장소에서 내가 태어났다는 것도 알아주시게. 할아버지가 아직 살아 계셨고 옛 양식에 따른 이 별장이 사비눔 지역에 있는 쿠리우스의 집[3]처럼 작았던 그때 말이네. 그 때문에 뭔지 모를 무언가가 내 영혼과 감각 안에 잠재되어 있고, 그래서 아마 이 장소가 나를 더욱 즐겁게 해 주지. 그래서 그 최고로 영리한 자[4]가 이타카를 보기 위해 불멸을 거부했다고 기록이 전해지는 것이네.

두 개의 조국과 이중 시민권

아티쿠스 ‖ 4 나는 자네에게 특히 이리로 기꺼이 와서 여기를 좋아하는 정당한 이유가 있다고 생각하네. 사실 나도 (솔직하게 말하자면) 저 별장에, 그리고 자네가 기원하고 태어난 여기 토지 전체에 좀 더 친근하게 되었네. 우린 왜인지는 모르겠으나 우리가 아끼고 경탄하는 분들의 자취가 남아 있는 바로 그 장소들에 의해 감동하기 때문이네. 나도 사실 우리의 저 아테네가 웅장한 건축물들이나 고대인들의 뛰어난 예술 때문에 좋다기보다는 최고인 인물들의 기억들, 즉 어디서 그들이 살았는지, 어디서 앉았는지, 어디서 늘 토론했는지 때문에 좋거든. 열심히 그들의 묘소도 살펴보고 있지. 그래서 자네가 태어난 그곳을 앞으로 더욱 사랑하려네.

마르쿠스 말하자면 내 요람을 자네에게 보여 주어 참 기쁘네.

아티쿠스 5 나도 보게 되어 참 기쁘네. 그런데 자네가 조금 전에 말한바, 이곳(나는 자네가 아르피눔을 말하는 것으로 이해했네만)이 자네의 참된 조국이라는 말은 어찌 된 것인가? 무슨 말이지? 자네들은 두 개의 조국이 있다는 말인가? 저 공통의 조국이 유일한 것 아닌가? 현자 카토의 조국이 로마가 아니라 투스쿨룸이라는 말이 아니라면.

마르쿠스 나는 정말, 그에게도 다른 모든 지방시 출신자들에게도 두 개의 조국이 있다고 믿네. 하나는 자연의 조국이고 다른 하나는 시민권의 조국이지. 예컨대, 저 카토는 투스쿨룸에서 태어나고 로마국 시민으로 받아들여졌네. 그렇게 그는 투스쿨룸 출신이지만 시민권으로는 로마인이네. 하나는 장소의 조국, 다른 하나는 법의 조국인 것이지.

자네들 아티카인들이, 테세우스가 그들에게 시골을 떠나 그들이 부르는 '도성'에서 모이도록 명하기 전에는 그들이 자기 고향 사람이기도 했고 아티카 사람이기도 했던 것처럼, 우리도 태어난 곳도 받아들여진 곳도 똑같이 조국이라고 여기지. 그러나 '국가'나 '전국'이라는 명칭에 속하고 그것을 위해 죽고, 그것에 우리 전부를 바치고, 그것 안에 우리 전부를 놓고 거의 거룩한 것으로 모셔야 하는 그 조국을 우선해서 사랑하는 것은 필연적이네. 다만 낳은 조국이 받아들인 조국보다 그 달콤함이 훨씬 못한 것은 아니지. 그래서 나는 저 조국이 더 크고 이 조국이 기껏 저 것 안에 있다손 쳐도 이곳이 내 조국이라는 것을 앞으로도 절대

부정하지 않을 것이네.

아티쿠스 **III 6** 한 재판에서 우리의 '위대한 자'[5]가, 내가 직접 들었는데, 그가 자네와 함께 암피우스를 위해 변론했을 때, 이곳에서 구국 영웅이 두 명[6]이나 나왔기 때문에 우리 나라가 이 지방시에 감사하는 것은 아주 정당하다고 잘 말했었지. 그래서 지금 나는, 자네를 낳은 여기도 자네의 고향이라는 점에 설득된 것 같네.

　그러나 우리는 섬에 왔네. 여기보다 매력적인 곳은 없지. 말하자면 이 이물에 의하여 피브레누스강이 갈라진다네. 그것은 두 부분으로 똑같이 나누어져 양쪽 가장자리를 적시고, 신속히 박차고 나와 빠르게 하나로 합쳐지는데, 딱 보통의 팔라이스트라[7] 하나 짓기에 충분한 땅을 둘러싸지. 그것을 끝내고 마치 우리에게 토론할 자리를 마련해 주는 것이 임무였던 것처럼 곧바로 리리스강으로 떨어지네. 그리고 귀족 가문에 들어가듯 비천한 이름은 버리지. 또 리리스강을 훨씬 차갑게 만드네. 많은 강에 가 보긴 했지만, 정말로 이보다 더 차가운 강은 만져본 적이 없네. 플라톤의 『파이드로스』에서 소크라테스가 했던 것[8]을 발로 거의 시도조차 못할 정도라네.

마르쿠스 **7** 맞는 말이네. 하지만 그럼에도 불구하고, 내가 퀸투스에게서 자주 들었던, 에페이로스에 있는 자네의 그 튀아미스강[9]이 이 강에 매력으로 결코 지지 않는다고 생각하네.

퀸투스 말씀하신 그대로입니다. 우리 친구 아티쿠스의 아말테이아 별장과 그곳의 플라타너스 나무들을 능가하는 뭔가가 있다고 생각지 마시길. 그런데, 괜찮다면, 여기 그늘에 앉아서 우리의 논의 중 우리가 떠났던 그 부분으로 돌아가시죠.

마르쿠스 탁월한 추심자군, 퀸투스(나는 피했다 생각하고 있었는데)! 자네한테 이 빚들을 갚지 않은 채로 있을 수는 없군.

퀸투스 그러니 시작하시죠. 우리는 오늘 하루 종일을 형님께 봉헌합니다.

마르쿠스 아라토스[10] 시 번역에서 우리가 시작했듯, '무사 여신들의 시작이 유피테르에서.'[11]

퀸투스 무슨 말인가요?

마르쿠스 지금도 우리가 유피테르와 다른 불멸의 신들로부터 논의를 시작해야 한다는 말이네.

퀸투스 아주 좋습니다, 형님. 그렇게 하는 게 맞겠습니다.

신적 이성에 의한 자연법은 인정법과 구별된다

마르쿠스 **IV 8** 자, 개별 법률로 가기 전에 법률의 의미와 본질을 다시 살펴보세. 우리가 그것을 모든 것의 기준으로 삼기 때문에, 때로 언어에서의 오류에 빠지지 않게, 또 우리가 법을 정의해야 할 때 쓰는 그 이성의 의미를 모르지 않게 말이지.

퀸투스 헤르쿨레스 신께 맹세코 그렇습니다. 그리고 그것이 가르침의 올바른 길입니다.

마르쿠스 내 알기에 다음이 가장 지혜로운 자들의 견해였네. 즉 법률은 인간의 지성이 창안한 것도 인민의 어떤 결의도 아니며 오히려 명하고 금하는 지혜로서 다스리는 영원한 어떤 것이라는 것이지. 그렇게 그 법률이 으뜸이고 신의 이성으로 모든 것을 강제하고 금지하는 최고 정신이라고 그들은 말해왔네. 이리하여 신들이 인류에게 준 그 법률이 정당하게 칭송되어 왔지. 현명한 존재의 이성과 정신은 명령하고 제지하는 데 적합하기 때문이네.

퀸투스 9 그 주제는 형님이 이미 몇 번 다루셨습니다. 하지만 국민 제정 법률로 가기 전에 그 천상의 법률의 의미를 설명해 주시기를 바랍니다. 관습의 조류가 우리를 빨아들이고 통용되는 언어의 관행으로 끌고 들어가지 않도록 말입니다.

마르쿠스 퀸투스, 어렸을 적부터 우리는 "법정에 소환하면"[12]이나 그와 비슷한 다른 것들을 법률들[13]이라고 부르도록 배웠지. 그러나 이것이나 인민의 다른 명령과 금지 모두 올바른 행위로 촉구하고 악행을 제지하는 힘은 인민과 국가의 나이보다 오래되었을 뿐 아니라, 하늘과 땅을 보우하고 다스리는 신과 동년배이지. 10 신적 지성은 이성이 없을 수 없고, 신적 이성은 옳은 것과 그른 것을 규율할 때 이 힘을 가지지 않을 수 없네. 한 사람으로 모든 적군에 맞서 다리에 버티고 서서 자기 뒤로 그 다리가 파괴되도록 명한 것이 전혀 기록된 적이 없기 때문에 그 유명한 코클레스[14]가 그토록 위대한 일을 용기에 관한 법률이나 명령에 따라 행했다고 생각 못할 것은 아니지. 또 루키우스 타르퀴니우스가 왕이었을 때 로마에 강간에 관한 성문 법률이 없었다고 해서, 섹스투스 타르퀴니우스가 트리키피티누스의 딸 루크레티아를 강간한 것이 영원한 법률에 반하지 않은 것은 아니지. 이성은 있었네. 그 이성은 자연의 본성에서 나왔고 옳은 행위를 호소하고 악행을 단념시키며, 법률이 성문이 되었을 때서야 비로소 법률이 되기 시작한 게 아니라 신의 정신과 동시에 생겨난 것이지. 그때문에 명령하고 금지하는데 적합한 진정한 으뜸 법률은 최고의 신 유피테르의 옳은 이성이네.

퀸투스 **V 11** 형님, 동의합니다. 올바르고 참된 것은 영원하기도 한 것이고, 결의된 것의 문언에 따라 생겨나거나 없어지는 게 아니라는 것에 말입니다.

마르쿠스 그래서 그 신의 정신이 최고의 법률이듯, 사람 안에 있을 때 현자의 정신에서 완성되지. 다양하게 한시적으로 민족마다 달리 정해진 그것들은 실질이 그렇다기보다는 우대를 받아 법률이라는 이름을 갖네. 그들[15]은 정당하게 법률이라고 불릴 수 있는 모든 법률은 상찬할 만하다고 가르치지. 시민들의 안녕과 국가의 안보, 사람들의 조용하고 행복한 삶을 위하여 법률이 발명되었다는 것은 확실한 정설이라는 근거를 들면서 말이지. 또 맨 먼저 그런 결정 사항을 정한 자들은 인민에게 자신들이 편찬

하고 입법할 것임을 밝혔는데, 그것들이 택해지고 받아들여지면 인민들이 훌륭하고 행복하게 살 수 있고, 그것들이 그렇게 작성되고 반포되면 바로 그것들을 법률이라고 부른다는 것이지.

이로써 다음이 이해되어야 하네. 유해하고 불의한 것을 인민을 상대로 명령으로 정하는 그들은 그들이 약속하고 공언한 바와는 반대로 행한 것이기 때문에 어찌 됐든 법률이 아닌 뭔가를 제정한 것이라는 것이지. 그리하여 명백한 것은, 법률이라는 이름 자체를 해석할 때 올바르고 참된 것을 선택하려는 힘과 의도가 들어 있다는 것이지.

12 그래서 자네에게 묻네, 퀸투스. 사람들이 늘 하듯. 국가에 그것이 없다는 바로 그 이유로 국가도 없다고 여겨져야 한다면, 그것을 선이라고 해야 하는가?

퀸투스 심지어 최고의 선이라고 해야 하죠.

마르쿠스 그럼 법률이 없는 국가는 바로 그 이유로 없는 것이지?

퀸투스 달리 말할 수 없죠.

마르쿠스 따라서 법률은 최선의 것일 수밖에 없네.

퀸투스 전적으로 동의합니다.

마르쿠스 **13** 많은 유해한 것들, 많은 파괴적인 것들이 인민의 승인을 받는 것은 웬일인가? 그런 것들은 도적들이 어떤 것을 서로 합의하여 제정하는 것만큼이나 법률이라는 이름을 가질 수 없네. 의사의 처방도 만일 의사가 무지하고 미숙련이어서 건강한 것 대신 목숨을 앗는 것을 처방한다면 결코 처방이라 불릴 수 없네. 또 인민이 뭔가 유해한 것을 승인할지라도 그것은 인민에게 법률일 수는 없네. 그리하여 법률은 정의로운 것과 불의한 것의 구별이지. 그것은 극히 오래되고 모든 것들 중 첫째인 자연에 따라 만들어지는데, 형벌로 악인들을 응징하고 선인들을 방어하고 보호하는 인간들의 법률이 그 자연에 맞추어지네.

퀸투스 **VI** 잘 알겠습니다. 이제 다른 어떤 것은 법률로 여겨져서도 법률이라고 불려서도 안 될 것으로 생각합니다.

참된 법을 칭송하다

마르쿠스 **14** 그래서 자네는 티티우스 법률과 아풀레이우스 법률[16]을 법률이 아니라고 생각하는가?

퀸투스 게다가 리비우스 법률[17]도 법률이 아니죠.

마르쿠스 옳네. 그것들은 원로원의 한 줄 문구로 순식간에 삭제되었으니. 반면 내가 효력에 관해 설명한 그 법률[18]은 제거되거나 폐지될 수 없지.

퀸투스 형님이 제안하려는 법률은 확실히 폐지되는 것이 아니지요.

마르쿠스 물론이지, 자네들 둘이 그것을 법률로 받아들이기만 한다면 말이야. 그러나 모든 철학자 중 최고로 박식하고 가장 권위가 있으며, 최초로 국가에 관해 썼으며 국가의 법률에 관해 별도로 쓴 플라톤이 했던 것을 나도 해야 한다고 믿네. 즉 그 법률 자체를 암송하기 전에 그 법률의 자랑거리에 관해 말하는 것 말이네. 나는 잘레우코스와 카론다스도 같은 일을 했음을 알고 있지. 연구나 즐거움이 아니라 국가를 위하여 자기들 국가에 법전을 편찬했을 때 말이네. 플라톤은 그들을 본받아, 뭔가를 설득하고 모든 것을 폭력과 위협으로 강제하지 않는 것을 법률이 할 일이라고 생각했네.[19]

퀸투스 15 티마이오스[20]가 그 잘레우코스가 존재한 적이 없다고 부인하는 것은 뭐죠?

마르쿠스 하지만 내 생각에 권위자로서 더 못하지 않은 (많은 이들이 오히려 더 낫다고 하는) 테오프라스토스가 존재했다고 말했네. 그의 동포 시민들이자 우리의 예속민인 로크리[21]인들이 그를 기억하네. 그러나 그가 있었든 없었든 중요한 건 아니네. 우리는 그저 전승된 바를 말하는 것뿐이니.

VII 그러므로 이제 신들이 만물의 주인이자 규제자라는 것, 또 행해지는 것들은 그들의 판단과 의지에 의해 행해진다는 것, 또 신들이 인류를 최고로 대접한다는 것, 그리고 우리 각자는 누구인지, 무엇을 행하는지, 무엇을 자기 안에 허락하는지, 무슨 정신으로 무슨 경건함으로 종교 의식을 준행하는지 살펴본다는 것에 처음부터 시민들이 설득되도록 만들게. **16** 이런 것들로 충일한 정신은 유용하고 참된 견해를 확실히 거부하지 않을 것이네.

그 누구도 자신 안에 이성과 정신이 있다고 생각하는데 하늘과 우주에 없다고 생각할 정도로, 최고의 지성적 이성에 의하여 그가 간신히 파악하는 것들이 이성의 개입 없이 작동되는 것으로 생각할 정도로 어리석게 교만하면 안 된다는 것보다 무엇이 더 참되겠는가? 별들의 질서, 밤낮의 갈마듦, 계절들의 절도, 우리에게 향유하라고 생겨난 것들에 감사하라고 강요하지 않는 그런 자가 대체 사람이라고 불릴 수 있을까? 그리고 이성을 갖는 모든 것들이 이성을 갖지 않는 모든 것들보다 뛰어나므로, 또 모든 것들의 자연보다 뛰어난 어떤 것이 있다고 말하는 것은 부당하므로, 자연 안에 이성이 있다고 해야 하네. 선서에 의해서 얼마나 많은 것들이 확고히 되는지, 종교적 맹세가 얼마나 안녕에 도움이 되는지, 신의 형벌에 대한 두려움이 얼마나 많은 사람들을 악행으로부터 돌려세웠는지, 심판자 또는 증인으로서 불멸의 신들의 입회하에서 시민들 상호 간의 유대가 얼마나 성스러운지를 이해한다면, 그러한 의견들이 유익하다는 것을 누가 부정하겠나?

여기 법률의 전문(前文)이 있네. 플라톤도 이걸 그렇게 불렀네.[22]
퀸투스 **17** 맞습니다, 그것이지요, 형님. 저는 형님이 그와는 다른 주제들과 견해들에 주목한다는 것이 아주 기쁩니다. 형님이 전에 말씀하신바, 또는 신들에 관한 서문 자체보다 더 이질적인 것은 없습니다. 형님이 유일하게 모방하는 것으로 보이는 언설의 방식입니다.

마르쿠스 아마 그러고 싶은가 보지. 하지만 그 누가 모방하겠나. 아니, 대체 모방할 가능성이 앞으로도 있겠는가? 견해를 번역하는 것은 아주 쉽지. 나도 그렇게 하겠네. 내가 내 방식을 원치 않는다면 말이야. 같은 것들을 거의 같은 말로 바꾸어 말하는 게 뭐 큰일이겠나?

퀸투스 완전히 찬동합니다. 하지만 형님이 방금 말씀하셨듯이, 저는 형님의 방식을 갖는 게 더 좋습니다. 여하튼 이제부터 종교에 관한 형님의 법률들을 밝혀 주십시오.

마르쿠스 **18** 할 수 있는 한 밝히겠네. 그런데 장소도 논의도 사적이지만 법률들의 목소리로 제시하려네.

퀸투스 대체 무슨 말씀인지요?

마르쿠스 법률들에는 확고한 언어가 있네, 퀸투스. 옛 12표법이나 신성법[23]처럼 오래된 것은 아니지만 더 큰 권위를 갖기 위해 우리의 이 논의보다는 좀 더 고어체이지. 할 수 있는 한 그 방식을 그 간략함과 함께 따르겠네. 그런데 내가 제안하는 법률들은, 완결되었으면 무한할 텐데, 완결된 게 아니라 바로 주제들에 대한 최고의 견해들일 뿐이네.

퀸투스 그럴 수밖에 없죠. 그러니 들어봅시다.

종교법의 법문들[24]

마르쿠스 **VIII 19** ① 사람들은 신들에게 정결하게 나아갈지어다.
경건함을 갖추고 재물을 없앨지어다. ② 위반자에게는 신 자신
이 응징자가 되리로다.

③ 그 누구도 새로운 신이든 외래신이든 자기만의 신을 모시
지 말지어다. 단, 신이 공식적으로 승인 결의되었다면 그러하지
아니하도다. ④ 가내에서는 조상으로부터 의식에 따라 전수받은
예배로서 해당 신들에게 예배할지어다.[25] ⑤ 도시에는[26] 성전[27]을
둘지어다. 농촌에는 성림(聖林)[28]과 라레스[29]의 거소를 둘지어다.
⑥ 가문과 조상의 의식을 유지할지어다. ⑦ 신들과 처음부터 천
상의 존재로 여겨진 자들, 또 헤르쿨레스, 리베르,[30] 아이스쿨라
피우스, 카스토르, 폴룩스, 퀴리누스 등 공적에 의해 천계에 자
리 잡은 자들 모두를 경배할지어다. 게다가 인간에게 천계 상승
이 부여되는 사유들, 즉 정신, 덕, 경건, 신의 등도 경배할지어
다. 그 명예들의 신전이 있게 하고, 악덕의 신전은 결코 없게 할
지어다.

⑧ 정례의 제사를 봉행할지어다. ⑨ 휴일에는 분쟁을 없게 할
지어다.[31] 노예들도 일을 끝내고 휴일을 지킬지어다. 휴일은 한
해의 변화하는 절기에 맞추어 구획될지어다. ⑩ 특정 곡물과 특
정 과실을 사제들이 공적으로 바칠지어다. **20** ⑪ 이것은 특정 희

생제와 제일에 바칠지어다. 또 다른 날에는 풍성한 우유와 새끼를 마련할지어다. 이것을 간과하지 못하게 사제들은 이 목적을 위해 또 계산을 위하여 매년의 진행 계획을 확정할지어다. ⑫ 그들은 어떤 희생물이 각 신에게 적합하고 그 마음에 들지를 예정할지어다.

⑬ 신들에게는 자신들의 사제[32]가 있을지어다. 모든 신들에게는 국가 제관[33]이, 각 신들에게 전속 제관[34]이 있을지어다. 베스타 제녀들은 도시에서 공공 화덕의 영원한 불을 지킬지어다. ⑭ 이 행위들이 어떤 방식과 의식에 의해 사적 및 공적 영역에서 실행되는지를 모르는 자들은 공공 사제들에게 배울지어다. ⑮ 그들의 종류는 두 가지니라. 하나는 예식과 제사를 집전하는 것, 다른 하나는 원로원과 민회가 승인 결의했을 때 점술가와 예언자의 알 수 없는 선포들을 해석하는 것이니라.

⑯ 최선최고의 신 유피테르의 해석자들인 공공 조점관들은 징표와 조점으로 미래를 볼지어다. 그들은 전문 기술[35]을 보존할지어다. **21** ⑰ 포도원과 버드나무 수목원,[36] 국민의 안녕을 조점으로 축성(祝聖)할지어다. ⑱ 조점관은 군정과 민정을 실행하는 자들에게 조점을 계고(戒告)하고 그들은 그것에 복종할지어다. ⑲ 신들의 분노를 미리 막고 그것을 섬길지어다. ⑳ 하늘의 번개들을 확정 구역별로 제어할지어다.[37] 도시, 농지, 신전을 신에 대한 의무에서 자유롭고 정리되어 있는 상태로 유지할지어다.

㉑ 조점관이 불의하다고, 신법 위반이라고, 사악하다고 선언한 것은 미완 무효로 할지어다. ㉒ 이에 복종치 않는 자는, 극형에 처할지어다.[38]

IX ㉓ 조약, 휴전을 위해 외교제관단[39]이 판관 및 사절이 될지어다. 그들이 전쟁에 대해 판정할지어다.

㉔ 기괴아[40]와 흉조아[41]는, 원로원이 명하는 경우, 에트루리아의 장복술가에게 회부하고, ㉕ 에트루리아의 장복술가는 지도층에게 전문 기술을 가르칠지어다. ㉖ 그들이 승인한 신들에게는 속죄제를 지내고 마찬가지로 벼락과 벼락 맞은 것들에 정화할지어다.

㉗ 여자들의 야간 희생제[42]는 없게 할지어다. 단, 인민을 위하여 의식에 따라 행해지는 것은 예외로 할지어다.

㉘ 그 누구도 입회시키지 말지어다. 희랍의 비의에 의하여 케레스 여신 의식에 입회하는 것이라면 예외로 할지어다.

22 ㉙ 속죄될 수 없는 종교 범죄는 불경하게 범해진 것으로 할지어다. 속죄될 수 있는 종교 범죄는 공공 사제들이 속죄할지어다.

㉚ 경주나 몸싸움 또는 가창과 관현악기가 없는 공공 축전에서는 대중의 환희를 적절하게 만들지어다. 또 그 환희를 신들에 대한 영광과 결합시킬지어다.

㉛ 조상의 의식에서 최고의 것들을 준행할지어다.

㉜ 이다(Ida)의 어머니의 노예들[43]이 정당한 날에 하는 것 말고

는 누구도 동냥치 못하게 할지어다.

③③ 성물[44] 또는 성소 보관물을 절취하거나 강탈하는 자는 살인 범[45]이 될지어다. ③④ 위증에 대한 신벌은 파멸이고, 인벌은 수치이니라. ③⑤ 근친상간은 제관들이 극형으로 제재할지어다. ③⑥ 불경한 자가 감히 봉헌물로 신들의 분노를 달래지 못할지어다. ③⑦ 조심하여 봉헌할지어다. ③⑧ 침해된 신법에 대한 벌은 신성한 것이니라.

③⑨ 그 누구도 농지를 축성하지 못하느니라. ④⓪ 금과 은과 상아를 바칠 때는 절제를 갖출지어다. ④① 개인의 제사는 영원히 지속될지어다. ④② 하계 신들의 권리는 신성한 것으로 할지어다. ④③ 죽은 친척들을 신으로 여길지어다. ④④ 그들에 대한 사치와 애도를 줄일지어다.

신에 대한 예배의 경건함

퀸투스 **X 23**[46] 형님, 정말 형님은 큰 법률을 참 짧게도 만드셨군요! 하지만 제가 보기엔 형님이 말한 종교의 그 구성은 누마 왕의 법률이나 우리의 관습과 크게 다르지 않은 것 같군요.

마르쿠스 『국가론』에서 아프리카누스가 모든 국가 중 우리의 옛 나라가 최선의 것이라고 설득한 것으로 보이는데, 최선의 국가에는 그에 상응하는 법률을 제정하는 것이 필연적이라고 생각지 않는 것은 아니겠지?

퀸투스 물론 전적으로 찬동합니다.

마르쿠스 그러면 그 최선의 국가 형태를 가능케 하는 법률을 기대들 하시게. 그래서 내가 오늘 우리 나라에 있거나 있었던 것들이 아닌 것을 제안한다면 대체로 옛날에 조상들의 관습 내에 있었던, 당시 법률의 효력을 가졌던 것일 것이네.

아티쿠스 **24** 그럼 부디 내가 찬성표를 던질 수 있도록 자네의 법률을 변론해 보게.

마르쿠스 정말 그렇다고, 아티쿠스? 반대하지 않는다고?

아티쿠스 물론 중요한 사항에 관해선 전혀 반대하지 않을 거네. 사소한 사항에서는 자네가 원한다면 자네에게 맡기겠네.

퀸투스 그것은 제 생각이기도 합니다.

마르쿠스 하지만 아주 길어질 수 있음을 주의하게.

아티쿠스 오히려 길어지길! 우리가 다른 뭔가 하기를 더 원하겠는가?

제사 의식과 책력

마르쿠스 ① 법률은 정결하게 신들께 나가라고 명하네. 그 안에 모든 것이 들어 있는 바로 그 영혼에서 말이네. 그리고 육체의 정결도 배제하진 않네. 다만 영혼이 육체보다 훨씬 더 뛰어나다는 점은 이해하여야 하네. 정결한 육체로 나가는 것을 준행하여야 하지만, 훨씬 더 영혼에서 순결함을 유지하여야 하네. 왜냐하면 전자는 물을 뿌리거나 몇 날이 지나는 것만으로 제거가 되지만, 영혼의 추락은 오랜 시간으로도 약해지지 않고 어떠한 강물로도 씻기지 않기 때문이지. **25** 법률이 경건함을 다하고 풍요를 배제하라고 명령하는 것은 훌륭함이 신에게 기쁨을 주고 사치를 제거해야 한다는 것을 의미하네. 어떠한가? 재부와 함께 빈곤도 산 사람 사이에서 동등하기를 우리가 원하는데, 어찌 제사에 사치를 더해 빈곤을 신들에게 나가지 못하게 하겠는가? 신을 달래고 예배하는 길이 모든 이에게 열려 있지 않다면, 특히 신 자신에게 그보다 더 불쾌한 것은 없을 것이기 때문이네.

② 심판자가 아니라 신 자신을 집행자로 규정하는 것은, 임박한 형벌에 대한 두려움으로 종교를 확립시키려는 것으로 보이네.

③ 자기들만의 신을, 새로운 신이든 외래의 신이든, 숭배하는 것은 종교를 혼란케 하고 우리 사제들에게 낯선 예식을 초래하지. **26** ④ 조상들도 이 법률을 준수했다면 조상으로부터 내려 받은 신들도 숭배하는 것이 옳기 때문이네.

⑤ 도시에 성전이 있어야 한다고 생각하네. 모든 것이 열려 있고 자유로워야 하며 이 전 우주가 자기 신전이자 집인 그 신들을 희랍인들이 벽으로 가두었다는 이유로 희랍의 신전들을 불태웠다고 전해지는 크세륵세스가 듣고 따랐다는 페르시아의 제관[47]들은 내가 따를 수 없네. **XI** 희랍인들과 우리 나라 사람들은 신들

에 대한 경건함을 증대시키기 위해 신들이 우리와 같은 도시에 거주해야 한다는 더 나은 생각을 했네. 사실 이 의견은 유익한 종교를 국가에 가져다주지. 최고로 박식한 사람인 피타고라스도 '우리가 신성한 일에 노력을 기울일 때 특히 경건과 종교가 영혼에 머문다'고, 또 일곱 현자 중 가장 지혜로운 사람이었던 탈레스도 '사람들은 보이는 모든 것들이 신으로 가득 차 있다고 생각해야 하는데, 마치 가장 신성한 성전에 있는 것처럼 모든 이가 더욱 정결해질 테니까'라고 잘 말했기 때문이네. 사람들의 생각에 신들의 어떤 모습이 정신뿐만 아니라 시각에도 있기 때문이지. **27** 농지에 있는 성림도 같은 이유를 갖지. 또한 조상들로부터 주인뿐만 아니라 노예에게도 전승된, 농지와 농장에서 보이는 위치에서 행해지는 라레스에 대한 종교 의식도 없애서는 안 되네.

⑥ 가족과 조상의 의식을 보존하는 것은 바로, 태곳적 시기가 신들에 가장 가까이 접근했기 때문에, 말하자면 신들에게서 전수받은 종교를 보호해야 합당하다는 것이지. ⑦ 반면 인간 중에서, 헤르쿨레스와 기타의 사람들처럼, 신격화된 자들을 숭배하라고 법률이 명하는 것은 모든 이의 영혼이 불멸인데 용감한 자와 선인의 영혼은 신적이기까지 하다는 것을 의미하지. **28** 실로 정신, 경건, 덕, 신뢰가 인간에 의해 신격화되는 것은 잘된 일이네. 이 신들 모두 신전들이 로마에서 공식적으로 봉헌되었지. 그래서 그것들을 가진 사람들(선인은 모두 갖고 있지)은 신들이 실로

자기네들 영혼 안에 있다고 믿지. 반면 아테네에서 퀼론의 범죄[48]를 속죄한 후 크레테 사람 에피메니데스의 조언에 따라 그들이 오만과 무사려의 성전[49]을 세운 것은 잘못이네. 신격화되어 합당한 것은 악덕이 아니라 덕이기 때문이네. 팔라티누스 언덕 위의 열병(熱病)을 위한, 에스퀼리누스 언덕 위의 악운을 위한 옛 제단은 역겹네. 이와 유사한 모든 것을 배척해야 하네. 이름을 지어야 한다면, 승리와 장악을 의미하는 비카 포타[50]나, 확고히 서 있음을 의미하는 스타타[51]가 좋겠지. 또 유피테르의 '지켜주는'이나 '불패의' 같은 별칭이나, 기대할 만한 사태들의 이름들, 즉 안녕, 명예, 부, 승리 등도 좋지. 또 좋은 사태들에 대한 기대로 마음이 분기되므로, 카이아티누스에 의해 희망이 신격화된 것도 옳네. 행운은 오늘의(모든 날을 의미할 테니) 행운이거나, 원조해 주려 배려하는 행운이거나, 불확실한 사건들에 더 관련되는 우연적 행운이거나, 출생에 기반을 두는 만물의 행운이게 해야 하네. † 먹힌[52] ⑧ 〔…〕

제사 의식의 정해진 방식들

XII 29 ⑨ 휴일과 축일의 이유는 자유인들에게는 소송과 분쟁에서의, 노예들에게는 노무와 노역에서의 휴식이네. 1년의 배정자는 이날들을 농사일이 완료되는 데 맞추어 정해야 하네. ⑩~⑪

(법률에 언급된) 희생 제물들과 짐승 새끼들을 지정 기일까지 보관하기 위하여 윤일 삽입 방식을 주의 깊게 고려해야 하네. 그 방식은 누마 왕에 의해 능숙하게 시작된 것인데, 후대 제관들의 태만으로 소실되었네. ⑫ 더욱이 제관들과 장복술가들의 관행에서 다음 것들이 바뀌어선 안 되네. 각 신에게 어떤 희생 제물이, 어떤 신에게 성체 짐승을, 어떤 신에게 새끼를, 어떤 신에게 수컷을, 어떤 신에게 암컷을 바쳐야 하는지 말이네.

⑬ 일반적으로 모든 신들을 위한 복수의 사제들과 각 신을 위한 개별 사제들은 법에 관하여 해답[53]하고 종교 의식을 주관할 권한을 갖네. 베스타 여신은 말하자면 도시의 화덕을 보호하기 때문에(희랍어로 '헤스티아'라고 불리는데, 우리도 거의 같은 이름을 갖고 있지), 그 여신의 예배 의식은 베스타 제녀들이 주재하네. 그렇게 그녀들은 불을 지킬 때 더 용이하게 경계할 수 있으며, 여자들은 여자의 본성이 완전한 순결함을 용납함을 알게 되네.

30 ⑭ 그런데 그다음 내용은 종교뿐만 아니라 국가의 존립과도 관련된 것이네. 그래서 공공의 제사 주재자들 없이는 사적인 종교 의식도 충분히 제대로 수행되기는 불가능하네. 나라에서는 대중이 언제나 지도층의 지침과 권위가 필요하게 마련이지.

⑮ 사제들의 조직은 어떠한 종류의 적법한 종교도 간과하지 않네. 즉 어떤 사제들은 공적 제사를 주재하는데 신들을 기쁘게 해 주기 위해 설치되었으며, 다른 사제들은 점술사의 예언을 해

석하도록 설치되었는데, 점술가가 많은 수가 안 되도록(무수히 많게 되지 않도록), 공공의 사안으로 받아들여진 것이더라도 사제단 밖에서는 누구도 알지 못하도록 하지.

조점관의 권리

31 ⑯~㉒ 나랏일에서 권위와 결합한 가장 중하고 가장 탁월한 권리는 조점관의 권리이네. 그런데 이것은 나 자신이 조점관이라서 그렇게 생각하기 때문이 아니라 우리가 그렇게 생각하지 않을 수 없기 때문이지. 우리가 법을 살펴볼 때, 최고 명령권[54]과 최고 직권[55]에 의해 소집된 민회나 기타 집회가 개최되었는데도 해산하거나 이미 결의되었는데도 무효화할 수 있는 것보다 무엇이 더 힘이 세겠나? 이미 착수된 바가 1인의 조점관이 "다른 날에"라고 선언함으로써 해제되는 것보다 무엇이 더 엄중하겠나? 집정관들에게 직에서 사퇴하라고 결정할 수 있는 것보다 무엇이 더 웅장하겠나? 민회나 평민회의 주재권을 부여하거나 부여하지 않는 것보다 무엇이 더 신성하겠나? 티티우스 법률이 조점관단의 재결에 의해, 리비우스 법률들[56]이 집정관 겸 조점관이었던 필리푸스[57]의 판단에 의해 무효화되었듯, 정당치 못하게 통과된 경우 법률을 무효화하는 것은 무엇이 더 신성하겠나? 평시건 전시건 정무관에 의해 수행된 그 무엇도 조점관들의 감독 없이는

승인될 수 없다는 것은 또 어떠한가?

아티쿠스 **XIII 32** 자, 이제 그것들을 알겠고 중대한 문제라는 것을 인정하네. 그러나 자네들 사제단에서 최고의 조점관들인 마르켈루스와 아피우스 사이에 (내가 그들의 책을 읽었기 때문에) 큰 논쟁이 있음을 아네. 한 사람은 자네들의 조점이 국가의 유익함을 위해 창설되었다고, 다른 사람은 자네들의 조점술이 말하자면 점을 칠 수 있는 것이라고 보네. 이 문제에 대해 자네는 어떻게 생각하는지 알고 싶군.

마르쿠스 나는 희랍인들이 만티케라고 부르는 점술이 존재한다고, 또 그 점술 중 새와 기타 징표를 다루는 그 부분이 우리 기술에 속한다고 생각하네. 우리가 신들이 존재하고 우주가 그들의 정신에 의해 지배되고 그들이 인류를 보살피고 우리에게 징표를 보여 줄 수 있다고 인정하면, 왜 점술을 부정해야 할지 모르겠네.[58] **33** 그런데 내가 상정하는 것들은 실제 존재하기 때문에 그에 기하여 우리가 원하는 결론이 필연적으로 나오네. 더욱이 우리 공화국과 모든 왕국과 모든 민족과 모든 겨레는 실례들로 가득 차 있네. 조점관들의 예언대로 믿을 수 없을 정도로 많은 일들이 실제로 일어났지. 왜냐하면 폴뤼이도스도 멜람포스도 몹소스도 암피아라오스도 칼카스도 헬레노스[59]도 그렇게 큰 명성을 얻지 못했을 것이고, 프뤼기아인,[60] 뤼카오니아인, 킬리키아인, 특히 피시디아인 등 그 많은 민족들이 오늘날까지 그것을 보존하지 않았을 것이기 때문이네. 오랜 세월이 실례들이 진짜였다고 가르쳐주기도 했지. 이 사람들이 모두 경탄할 만한 많은 진실한 것들을 말하지 않았다면 우리의 로물루스도 조점을 보지 않고 도시를 창건했을 것이고, 아투스 나비우스의 이름도 그렇게 오랫동안 기억 속에 꽃피지 못했을 것이네. 그러나 조점관들의 이 분과, 이 기술이 이미 오래되고 방치되어 소멸했다는 점 또한 의심의 여지가 없네. 그리하여 나는 그 학과[61]가 우리 사제단에 있었던 적이 없다고 주장하는 자나, 그것이 지금도 존재한다고 생각하는 자나 동의하지 않네. 내 보기엔 그것이 우리 조상들 사이에 이중적으로 존재했네. 때로는 나라의 위기와, 빈번하게는 행동 계획과 관련되어 있었지.

아티쿠스 **34** 나는 맹세코 그렇게 믿고, 자네의 설명에 완전히 찬동하네. 하지만 나머지를 말해 주게.

전쟁에서 의식과 법

마르쿠스 **XIV** ㉓ 해 주지, 가능한 한 짧게. 다음은 전쟁법이네. 거기에서는 전쟁을 개시, 수행, 종료할 때 법과 신의가 최고로 효력을 갖도록, 또 그 사안들의 공식 해석자들[62]이 있도록 법률로 규정했지. ㉔~㉖ 장복술가의 역할, 신들의 진정, 정화에 관해선 이미 충분히 명확하게 법률 자체에 표현되었다고 생각하네.

아티쿠스 찬동하네. 왜냐하면 여기의 모든 언술이 종교에 관련된 것이기 때문이지.

종교 범죄들

마르쿠스 그러나 다음의 것과 관련하여 어떻게 자네가 동의할지 또는 어떻게 내가 반박할지를 정말 알고 싶네, 티투스.

아티쿠스 그게 대체 무엇인가?

마르쿠스 **35** ㉗ 여자들의 야간 희생제에 관한 것이지.

아티쿠스 나는 확실히 찬동하네. 특히 법률 자체에 규정된 정규의 국가 희생제는 예외로 하고 말이지.

마르쿠스 그럼 우리가 그런 정규의 야간 희생제를 폐지한다면, 자네들의 야코스[63]와 에우몰포스가의 사제들[64]은 어떻게 되는 건가? 그리고 위엄 있는 비의들은 어떻게 되겠는가? 우리는 로마 국민을 위해서가 아니라, 선량하고 견실한 민족들을 위해 법률을 만드는 것이네.

아티쿠스 **36** 내 생각에 자네는 우리 자신이 입문한 비의[65]를 예외로 하는군.

마르쿠스 나는 실로 예외로 하네. 왜냐하면 내가 보기에 자네의 아테네가 대단하고 신적인 수많은 것들을 발견하여 인간들의 삶 안에 가져왔는데, 특히 우리를 거칠고 야만적인 생활에서 인간성으로 계발하고 양순해지게 만든 그 비의보다 더 나은 것은 없기 때문이네. 우리는 이른바 '입문'을 실로 삶의 참된 시작으로 알고 있지. 또 우리는 기쁨으로 이 삶의 방식을 받아들일 뿐만 아니라, 더 나은 희망으로 죽음의 방식도 받아들이네. 무엇이 야간 희생제에서 내 마음에 안 드는지는 희극 시인들이 보여주네. 즉 그러한 면허가 로마에서 주어진다면, 부주의로 보았어도 신법 위반이 되는 그런 희생제에 음탕한 의도로 들어왔던 그는 대체 무슨 짓을 할까?[66]

아티쿠스 자네는 로마를 위해서 그 법률을 제안하게나. 우리에게서 우리의 법률을 빼앗지 말고.[67]

마르쿠스 **XV 37** ㉘ 그래서 나는 우리 법률로 돌아갈 거네. 그 법률로써 눈에 낮의 밝은 빛이 많은 여성들의 명예를 지킬 수 있도록 아주 세심하게 제정해야 하네. 또 여성들이 로마에서 통상적인 방식으로 케레스 비의에 입문하도록 해야 하네. 이 종류에서 조상들의 엄격함은 바쿠스 축제에 대한 옛 원로원 의결[68]과 병력을 동원한 집정관의 고문과 처벌에 의해 증명되네. 그리고 우리가 혹시라도 가혹하다고 여기지지 않도록, 모든 야간 제의를 중부 희랍에서는 테바이의 디아곤다스[69]가 법률로 영원히 폐지하였음을 알게. 새로운 신들과 그들의 예배에 바쳐진 철야의 야간 행사는 고희극의 가장 기지 있는 시인인 아리스토파네스가 공격하지. 그의 작품에서 사바지오스 신과 어떤 다른 신들이 외국인으로 판명되어 도시에서 추방될 정도였네.

㉙ 공식 사제는 경솔한 행동이 있으면 신중히 속죄하여 두려움에서 해방시켜야 하네. 그 사제는 음탕함을 지닌 채 제의에 들어온 무모함을 추악한 것으로 단죄하고 불경하다고 판결해야 하네.

38 ㉚ 공공 축제는 극장과 경기장으로 나뉘는데, 경기장에서의 신체 경쟁은 승리를 목표로 하는 경주, 권투, 격투기, 마차경주 등으로 구성되어 있어야 하네. 법률에 규정되어 절제되어 있는 한, 관현악이 수반된 가창이 극장에 울려야 하네. 나는 플라톤에 찬동하여 가창의 다양한 소리만큼 연약하고 부드러운 영혼에쉬이 침투하는 것은 없다고 생각하기 때문이지. 그 소리가 선악양쪽으로 얼마나 큰 힘을 갖는지는 말하기 어렵지. 그것이 무력한자들은 격분시키고, 격분된 자들은 무력하게도 만들며, 때로는 영혼을 이완시키고 때로는 수축시키기 때문이네. 희랍의 많은 도시들에서 옛 가창 방식을 보존하는 것이 중요했네. **39** 그 이유로 희랍의 가장 지혜롭고 또 월등히 최고로 박식했던 그분[70]도 이 실조(失調)를 아주 두려워했네. 그는 공법률이 변하지 않고서는 음률도변할 수 없다고 보았지.[71] 그런데 나는 그것을 그리 심하게 두려워할 것은 아니라고 보네. 물론 경시해서도 안 되겠지만 말이네. 확실히 다음은 내가 알지. 한때 리비우스[72]와 나이비우스[73]의 음률로써 엄격함으로 채워지던 그 유쾌함에 지금은 사람들이 희희낙락하며 목과 눈 모두를 음률의 굴곡에 맞추어 비틀고 굴리고 있지.

예전에는 그런 것들을 그 옛 희랍이 엄중하게 처벌했네. 어떻게 그러한 파멸이 서서히 시민들의 영혼에 미끄러져 들어와 사악한 열정과 학습들로 순식간에 나라 전체를 전복시킬지 일찌감치 내다보고선 말이지. 그래서 엄격한 스파르타는 티모테오스[74]의 리라에서 그것이 갖는 현 중 일곱 줄 이상은 끊으라고 명했던 것이지.

종교 의식의 불가침성

XVI 40 ㉛ 다음으로 법률에 규정되는 것은 조상의 의례 중 최고의 것을 준행하는 것에 관해서이네. 아테네인들이 어떤 종교 의례들을 특히 가져야 할지 퓌티아의 아폴론에게 물었을 때 '조상의 관습 중에 있던 종교들'이라는 신탁이 나왔지. 그리로 그들이 다시 와서는 조상의 관습은 자주 바뀐다고 하면서 여럿 중에서 어떤 관습을 특히 따라야 할지 물었을 때, 그는 '최고의 것'이라고 답했네. 그런데 확실히 최고의 것이란 가장 오래된 것이고 신에게 가장 가까운 것이라고 여겨야 할 것이네.

㉜ 우리는 이다산의 대모(大母)를 위한 며칠간의 것만은 예외로 하고 그 밖의 동냥을 없앴지. 영혼을 미신으로 채우고 집안을 거덜 내니까 말이네.

㉝ 성물 절도 및 강도죄로 성물을 취거한 자뿐만 아니라 성소에 위탁된 것을 취거한 자도 처벌되네. **41** 이것은 지금도 수많

은 신전에서 이루어지고 있지. 알렉산드로스는 킬리키아의 솔리에서 한 신전에 금전을 위탁했다고, 출중한 아테네 시민 클레이스테네스는 자기 재산에 대해 걱정하던 중 딸들의 혼인지참금을 사모스의 유노 여신에게 맡겼다고 전해지네.

㉞~㉟ 이제 위증과 근친상간에 관해서는 이 자리에서 논의할 것은 전혀 없네. ㊱ "불경한 자가 감히 봉헌물로 신들의 분노를 달래지 못할지어다"에 관해서는, 선인이라면 그 누구도 악인으로부터 뭔가를 받기 원치 않기 때문에 신이 어떤 심성일지 의심하는 것을 금한 플라톤의 말을 들어야 하네.[75] ㊲ 봉헌에서의 주도면밀함에 관해서는 법률에 충분히 규정되었네. 봉헌물은 우리가 신에게 구속되는 서약이네.

㊳ 종교 의식이 침해된 데 대한 처벌은 정당한 면책 사유가 없네. 내가 어찌 여기서 비극 작품들에 가득 차 있는 악인들의 예를 사용하리오? 외려 난 우리 눈앞에 있는 것들을 다루려네. 이런 상기가 인간의 운을 넘어서는 것으로 보일까 두렵지만 그럼에도 불구하고 내가 자네들에게 말을 하고 있기 때문에 침묵하진 않겠네. 또 나는 내가 얘기하는 이것이 인간들에게 엄한 것으로보다는 불멸의 신들에게 감사드리는 것으로 보이길 원하네.

XVII 42 내가 망명 떠날 때, 패륜적 시민들의 범죄로 종교의 법들이 더럽혀졌고, 우리 가내의 라레스들이 박해를 받았으며, 그들의 자리에 리켄티아[76]의 신전이 세워지고 신전들을 구한 자가 오히려 그곳에서 축출되었지. 사태들의 귀결이 어떠했는지 빨리 머리에 떠올려들 보게(누구인지 거명할 필요는 없겠지). 나는 도시의 그 수호여신[77]이, 비록 모든 내 재산은 강탈되고 망실되었어도, 불량배들에게 욕보는 것은 용납할 수 없었기에, 그녀를 우리 집에서 바로 그녀 아버지의 집으로 모셔갔지.[78] 그런 내가 원로원, 이탈리아, 더 나아가 모든 민족들로부터 나라를 구했다고 판정받았네. 일개인에게 그것보다 더 찬란한 어떤 일이 일어날 수 있을까? 반면 범죄들로 종교들을 모독하고 공격한 자들 중 일부는 흩어지고 소탕된 한편, 이 범죄들의 수괴였고 모든 종교에 대한 불경함에서 타인을 훨씬 능가했던 자들은 평생 고통과 치욕 속에서 보냈을 뿐 아니라 매장과 장례마저 박탈당했네.[79]

퀸투스 **43** 네, 형님. 저도 알고 있고요. 마땅한 감사를 신들께 드립니다. 그러나 우리는 너무 자주 일이 다르게 이루어지는 것을 알고 있습니다.

마르쿠스 퀸투스야, 우리는 신의 벌이 어떤 벌인지 옳게 가늠하지 못하고, 대중의 여론에 휩쓸려 착오에 빠지고 참된 것들을 보지 못하지. 죽음 또는 몸의 고통 또는 마음의 비통 또는 판결에서의 패배로 인간의 비참함을 측량하는데, 이것들이 인간적인 것들이며 많은 선인들에게 발생한다는 점은 인정하네. 악행의 벌은 가혹하네. 뒤따르는 나쁜 결과들은 논외로 하더라도 그 자체로 가장 무거운 벌이네. 조국을 증오하지 않았다면 결코 우리의 적이 되지 않았을 자들이, 때론 욕망에 때론 두려움에 불타올라, 금방 양심상 자신들이 무엇을 하는지 무서워하여 도리어 종교 의식을 무시하는 것을 보았지. 그런데 그들이 위반한 것은 사람의 판결일 뿐, 신들의 판결이 아니네. **44** 지금은 그만두고 더 길게 그들을 추적하진 않겠네. 내가 구했던 벌보다 더 많은 벌을 받았기에 더욱 그러하네. 짧게만 말하지. 신의 벌은 이중적이라고. 즉 살았을 땐 마음을 괴롭히고, 죽었을 땐 그들의 사멸이 산 자들이 판단과 기쁨으로 승인하는 악명이지.

종교 의식에서의 사치 금지

XVIII 45 ㊴~㊵ "누구도 농지를 축성하지 못하느니라"와 관련해서 나는 플라톤에 완전히 찬동하는데, 그는 (내가 번역할 수 있다면) 대개 이렇게 말하였네.

가정의 화덕처럼 땅은 모든 신에게 바쳐져 성스럽습니다. 그리하여 그 누구도 다시 축성하지 마십시오. 그런데 도시 안의 금과 은은 사적 소유건 신전에 있건 시기심을 불러일으키는 물건입니다. 반면 상아는 사체에서 뽑혀 신에 대해 충분히 정결치 못한 봉헌물입니다. 또한 청동과 철은 전쟁의 도구이지, 성전의 도구는 아닙니다. 반면 원하는 자는 누구라도 한 가지 나무로 만든 목재 물건을, 또한 그러한 석재 물건을, 또 여자 한 명이 한 달 일할 거리를 넘지 않는 직물을 공공 신전에 바치십시오. 그런데 신에게 가장 적합한 색은 흰색입니다. 여타의 것도 그렇지만 특히 직물에서 그러합니다. 염료는 군대의 휘장 말고는 멀리하십시오. 가장 신성한 봉헌물은 새 그리고 화가 한 명이 하루에 마친 회화 작품입니다. 다른 것들도 이와 유사한 봉헌물이어야 합니다.[80]

이것이 그의 견해라네. 나머지는 내가 그 정도로 제한적으로 정하진 않았는데, 사람들의 악덕이나 시대의 부유함을 극복하지는 못했네. 다만 땅을 관리하고 쟁기질하는 데에 미신의 요소가 들어오면 경작은 더 무력해질 것으로 생각하였다네.

망자를 위한 의식과 매장에 관한 규정

아티쿠스 ④~④ 자네 생각을 알겠네. 이제 영속적 제사와 망령들의 법에 관해서 말할 게 남아있네.

마르쿠스 와, 자네의 기억력 참 놀랍군, 폼포니우스! 나에겐 그것들이 완전히 사라져 버렸는데…….

아티쿠스 **46** 나도 그렇다고 믿네. 하지만 난 그것이 특히 사제들의 법과 시민법 둘 다 관련되어 있기 때문에 기억하고 기다리고 있네.

마르쿠스 맞아. 게다가 최고의 전문가들에 의해 그 주제에 관해 많이 해답되고 저술되었지. 우리 논의가 나를 법률의 어느 영역으로 이끌지 모르지만, 나는 여기의 우리 논의 전체에서 능력이 닿는 한 우리의 시민법 자체를 다루려네. 하지만 법의 각 부분이 도출되는 원천이 되는 자리 자체를 알리는 방식으로 하겠네. 평범한 지능을 가진 자라도, 어떤 새로운 사건이나 논의가 발생하여도 어느 원천에서 찾을 수 있는지 안다면, 그것의 법을 파악하는 게 어렵지 않도록 말이네. **XIX 47** 그러나 법률가들은 자기들이 더 많고도 더 어려운 것들을 안다는 착각을 발생시키려는지, 아니면 (이게 더 그럴듯한데) 기술은 무언가를 아는 것뿐만 아니고 가르침의 기술이기도 하니까, 가르치는 법을 몰라서 종종 하나의 인식에 관련된 것을 무수히 분할한다네. 바로 이 종류에서 그러하지. 스카이볼라 가문 사람들이 얼마나 큰 작업을 하고 있는가? 두 분 다 제관들에다가 법 전문가들이지![81] 푸블리우스의 아들이 말하길, "종종 나는 아버지께 들었네. 시민법을 모르는 좋은 제관은 없었다고 말이네." 전부 다? 도대체 왜? 벽[82]과 물의 법이, 또는 종교 의식과 관련이 전혀 없는 것이 제관이란 무슨 상관이란 말인가? 사실 참 사소하지! 제사, 봉헌, 축일 및 분묘 또는 그와 유사한 것들 말이네. 어째서 이것들을 우리는 중시하는가? 상당히 빈번히 적용되는 제사는 빼고 나머지 것들은 아주 사소한 것들이라네. 제사는 영원히 보존되고 가족 안에서 전수되어야 한다는 하나의 생각으로 제정할 수 있네. 또는 법률에서 내가 정했듯 '제사는 영속적이게 하라'고 할 수도 있지. **48** 다음 법은 가부장의 죽음으로 제사에 대한 기억이 소멸하지 않도록 사제들의 권위로 만들어졌네. 즉 한 사람의 죽음으로 금전이 귀속되는 자에게 제사도 결부된다는 법 말이네. 규율을 이해하는 데 충분한 이 하나의 원칙이 정해지고, 법률가들의 책들을 채우는 무수한 규정들이 생겨났지.

　누가 제사를 지내야 하는지가 문제 되네. 상속인 지위에 있는 자가 지내는 게 가장 정의롭네. 왜냐하면 삶에서 벗어난 사람을 대체함에 이보다 더 가깝게 접근하는 사람은 없기 때문이지. 그다음은 그의 죽음이나 유언으로 상속인 모두가 취득하는 만큼을 취득하는 자[83]이네. 이것도 순리에 맞네. 왜냐하면 제시된 원칙에 상응하기 때문이지. 3순위는, 상속인이 없다면, 망인의 사망 시점에 그의 것이었던 유산에 대해 더 큰 부분을 점유하여 사용취득[84]한 자가 되네. 4순위는, 재산을 아무도 취득하지 못한 경우에는, 망인의 채권자 중에서 최대 부분을 얻은 자가 되네. **49** 최후로는 망인에게 금전 채무를 부담하였는데 누구에게도 금전을 변제하지 않은 자가 고려되네. 이 사람은 그 금전을 취득한 것으로 여겨지기 때문이네. **XX** 이것들은 우리가 스카이볼라께 배운 것이지. 옛사람들은 이런 식으로 기술하지 않았네. 오히려 그들은 다음과 같이 가르쳐 주었네. '세 가지 방식으로 제사 의무를 부담한다. 즉 상속한 경우 또는 재산의 과반을 취득한 경우 또는 재산의 과반이 유증[85]되었는데 그 일부를 취득한 경우이다.' 하지만 우리는 제관 어른을 따르세. **50** 그리하여 자네들도 알고 있네. 모든 것이 다음의 하나의 원칙에 달려 있다는 것을. 즉 제관들은 재산과 제사가 결합되기를 원하여, 재산이 귀속하는 사람들에게 제례와 예식도 귀속시켜야 한다고 생각하지.

스카이볼라가 사람들은 다음도 가르쳐 주었네. 지분으로 된 공제분이 유언장에 기재되어 있지 않아 수유자들이 모든 상속인에게 남겨진 것보다 더 작은 부분만 취득한 경우, 제사 의무를 부담하지 않는다고 말이지. 증여에서는 동일한 이것이 다르게 해석되는데, 가부장이 자신의 솔가권[86]하에 있는 자의 증여를 승인하면 그 증여가 유효한 반면, 자신이 모르는 사이에 행해진 것을 승인하지 않으면 무효이네. **51** 이 원칙들로부터 다수의 사소한 문제들이 생겨나지. 그것들을 이해하는 자라면, 원천을 기준으로 삼는다면, 누가 자기 스스로 쉬이 꿰뚫어 보지 못하겠는가? 예컨대 어떤 이가 제사의 의무를 부담하지 않으려고 과반을 취득하지 않았고, 후에 그의 상속인 중 어떤 이가 수유자에 의하여 거부된 것을 자기 것으로 추심하였는데, 그 추심으로써 그 재산이 모든 상속인에게 남겨진 것 이상이 된 경우, 그 재산을 추심한 자가 다른 공동상속인 없이 홀로 제사의 의무를 부담하네. 게다가 그들은 다음의 예방책도 제시하네. 즉 제사 의무 없이 취득할 수 있는 것 이상을 유증받은 자가 동형(銅衡)[87]으로써 상속인들을 유언으로부터 해방시켜 줄 수 있다고 하지. 왜냐하면 여기에서 실질적으로 상속재산은 부담에서 풀리고 마치 그 재산이 유증되지 않았던 것처럼 되기 때문이지.[88]

XXI 52 여기서 또 다른 많은 곳에서 나는, 대제관[89]이자 내가 보기에 가장 예리한 사람들인 스카이볼라 부자여, 두 사람에게 묻고 싶네. 제관법에 시민법을 부가하는 것은 어째서인가? 시민법 지식으로 제관법을 파괴하는 것이네. 제사가 재산과 결합된 것은 제관의 권위에 의한 것이지 법률에 의한 것이 아니네. 그리하여 두 분께서 오로지 제관이라면 제관의 권위는 유지될 것이지만, 그러나 동시에 두 분은 시민법 전문가이기 때문에, 시민법 지식으로 제관법 지식을 피하는 것이지. 대제관 푸블리우스 스카이볼라, 티베리우스 코룬카니우스 및 다른 분들은 모든 상속인이 취하는 만큼을 취하는 자들이 제사의 의무를 진다는 견해이네. 이것이 제관의 법이지. **53** 시민법에서 이에 무엇이 추가되었는가? 분배에 관한 조항이 신중히 규정되었네. 100세스테르티우스[90]가 공제되도록 말이지. 왜 재산이 제사의 부담에서 해방되어야 하는지 이유가 발견된 것이지. 유언자가 이 조치를 취하기 원치 않으면 어떻게 해야 하는가? 여기서 법률가로서 실제 무키우스 자신이 동일한 제관인데 모든 상속인에게 남겨진 것보다 덜 취하도록 (그러나 옛사람들은 무엇을 취하든 제사 의무를 진다고 말하네) 지금은 제사에서 해방되네. 이것은 정녕 제관법과는 무관하고 시민법의 핵심에서 나오는 것이네. 상속인에게 동형으로 이 지불을 하는 것은 제관법이 아니며, 수유자가 문답계약을 체결하여 정하는 즉시 유증된 돈이 없었던 것과 같은 상황에 놓이게 하는 것은 순수한 시민법이네. 그에게 유증된 금액, 즉 그의 유산의 양은 희생의 부담 없이 약정에 의해 그에게 갚아야 하네. 나는 우리 조상들이 매우 현명하게 제정하고 매우 종교적으로 준수한 조상신의 권리를 주장하네. 그들은 해의 마지막 달인 2월에 죽은 자를 기리는 제례를 개최하기로 결정했지. 그러나 시센나가 썼듯이, 데키무스 브루투스는 통상 12월에 이 일을 했었네. 나는 스스로에게 그 이유를 물었고, 왜 브루투스가 우리 조상들의 관습에서 벗어났는지 알아냈네. 나는 시센나가 그것을 몰랐다는 것을 알고 있네. 〔…〕

마르쿠스 **54** 〔…〕 ㊷ 그는 확실히 박식했고 아키우스[91]와 절친했네. 오히려 내 생각엔, 옛사람들은 2월을 한 해의 마지막으로 보았지만 그는 12월을 그렇게 보았던 것일 뿐이네. 게다가 장례식에서 아주 큰 희생 제물을 바치는 것을 경건의 본질적 속성으로 생각한 것도 바로 그였다네.

죽은 이들에 대한 검소한 제사 의식

XXII 55 지금 분묘의 종교적 의미는 아주 크지. 그래서 제사와 가족에 외부인이 들어오는 것은 신법 위반이라고 하지. 같은 취지로 선대에도 아울루스 토르콰투스는 포필리우스 가문 사건에서 판결했네. 그리고 ㉓ 조상들이 이 세상에서 벗어난 사람들이 신들 부류에 포함되기를 원하지 않았다면, 망인들을 기리기 때문에 죽음에서 파생되어 그렇게 불리는 데니칼레스[92]가 다른 천상신들의 안식 휴일처럼 "휴일"로 불리지 못했을 것이네. 개인 휴일이나 공적 휴일이 아닌 날에 이 휴일을 두는 것이 법이지. 이 제관법의 전체 구조는 종교 의식과 예식이 중대한 것임을 명확히 보여주네. 가족 상례에 어떤 한계가 있는지, 라레스 신에게 숫양으로 어떤 종류의 희생을 바치는지, 절단한 뼈가 어떻게 흙으로 덮이는지, 암퇘지 희생 제의는 어떠한 것인지, 어느 시점에 매장이 종교적 성격을 띠는지는 우리가 설명할 필요는 없겠지.

56 그런데 내가 보기에 가장 오래된 묘의 유형은 크세노폰의 책에서 퀴로스가 이용한 것[93]이네. 육신은 땅으로 돌려보내져 그렇게 놓이고 펼쳐져서 지모(地母)의 덮개로 가려진 것이네. 그리고 같은 의식에 따라 우리의 왕 누마가 폰스[94] 제단 근처에 있는 묘에 묻힌 걸로 알고 있네. 오늘날까지 코르넬리우스 가문이 이 매장법을 사용했음을 우리가 알고 있지. 그러나 아니오강 둑에

묻힌 가이우스 마리우스의 유해는, 승리한 술라가 충동적인 만큼 현명했었다면 가졌을 것보다 더 가혹한 증오에 격동되어 흩뿌리도록 명했네. **57** 아마도 이 일이 자기 시신에도 일어날까 봐 두려워, 그는 코르넬리우스 귀족 가문에서 최초로 화장되기를 원했네. 실제로 엔니우스는 스키피오 아프리카누스에 대해 다음과 같이 밝혔지.

여기 그가 뉘여 있누나…….

맞지. 묻힌 자들에 대해서는 그들이 뉘여 있다고 말할 수 있을 테니 말이네. 그러나 장례식 전 암퇘지를 잡기까지 그들을 위한 묘는 없네. 그리고 지금은 일반적으로 '매장된(humatus)'이라는 단어가 묘가 있는 모든 이에게 무차별적으로 사용되지만 이전에는 흙으로 덮인 사람들에게만 사용되었으며 제관법이 이 관행을 확립했지. 이는 뼈 위에 흙이 던져지기 전에는 몸을 태운 장소가 종교적이지 않기 때문이지. 흙이 던져지면 비로소 정당하게 '매장된'이라고 불리며 그 흙은 '땅(humus)'이라고 불리고 결국 여러 가지 종교적인 법들의 적용을 받네. 따라서 배에서 살해되어 바다에 던져지는 경우 푸블리우스 무키우스는 그의 가족이 깨끗하다고 결정했네. 그의 뼈가 땅에 남아 있지 않았기 때문이라는 것이지. 다만 상속인은 사흘동안의 축일에다가 암퇘지로써 속죄해야 하네. 바다에서 죽었다면, 정화와 축일을 제외하고는 똑같이 진행된다고 했네.

아티쿠스 **XXIII 58** 제관법에는 어떤 것들이 있는지 알겠네. 하지만 법률에 뭔가가 있는지 묻고 싶네.

마르쿠스 티투스, 확실히 조금밖에 없으며, 내 생각에 자네들도 모르지 않는 것들이지. 다만 그것들은 종교 의식에 관련된다기보다는 분묘법에 더 관련되네. 12표법의 한 법문은 "죽은 사람은 시내에서 매장하지도 화장하지도 말라"[95]라고 규정하지. 〔…이거나〕 화재의 위험 때문이라고 나는 믿네. 그런데 '화장하지도 말라'가 추가된 것은, 화장되는 자는 매장되는 것이 아니고 흙으로 덮이는 자가 매장되는 것임을 나타내네.

아티쿠스 하지만 12표법 이후에도 도시 내에 매장된 저명한 사람들은 어찌 된 것이지?

마르쿠스 티투스, 내가 믿기에, 그들은 푸블리콜라[96]나 투베르투스[97]처럼 12표법 이전에 덕 때문에 이 특권이 부여되어 그 후손들도 그 특권을 적법하게 보유했던 자들이거나, 또는 가이우스 파브리키우스[98]처럼 덕에 기하여 법률에 매이지 않고 이러한 특권을 얻었던 자들이지. 그러나 12표법이 도시 내에 매장하는 것을 금지했듯, 제관단은 공공장소에 분묘를 만드는 것은 불법이라고 재결하였네. 자네들은 콜리누스 성문[99] 밖에 호노스[100] 신전을 알고 있네. 그곳에 한 제단이 있었다고 전해지지. 그 부근에서 판 하나가 발견되었는데 그 판에 '호노스 신의'라고 쓰여 있었고, 그것이 이 신전이 봉헌된 이유지. 그런데 그곳에 많은 분묘가 있었기 때문에 다 파묘(破墓)되었네. 제관단이 공공장소는 사인의 종교 의식을 위해 사용할 수 없다고 결정했기 때문이지.

59 ㉔ 장례의 비용과 애도의 감축에 관한 12표법의 또 다른 법문은 대체로 솔론의 법률이 옮겨진 것이네. 다음과 같이 규정되어 있지. "이것 이상은 하지 말라. 화장용 장작을 도끼로 다듬지 말라."[101] (그다음도 자네들은 알고 있지. 지금은 아무도 배우지 않는 12표법을 어린 시절에 반드시 외워야 할 노래로 배웠기 때문이네.) 그에 따라 세 벌의 상복과 자색 겉옷과 열 명의 피리 연주자로 비용을 줄여야 했지. 그리고 그 법률은 애도도 없앴지. "여자들은 뺨을 할퀴지 말라.[102] 또 장례 호곡(lessus)을 하지 말라." 옛 해석자들인 섹스투스 아일리우스[103]와 루키우스 아킬리우스[104]는 이것을 잘 이해하지 못하겠다고 또 '레수스(lessus)'를 상복의 일종으로 생각한다고 말했는데, 루키우스 아일리우스[105]는 그 단어 자체에서 명백히 알 수 있듯 그 말은 초상에서의 통곡이라고 주장했네. 나는 이 견해가 맞다고 판단하네. 솔론의 법률이 바로 그것을 금지하기 때문이지.[106]

이 법률들은 상찬할 만하고 부유층 대부분이나 평민 모두에게 공통되네. 실로 죽음으로 재부(財富)의 차이가 사라지는 것은 아주 자연스러운 일이지. **XXIV 60** 또한 애도를 증대시키는 다른 장례 절차들은 12표법이 없앴지. 한 법문은 "후에 장례를 치르기 위해 죽은 사람의 뼈를 모으지 말라"[107]라고 정하네. 나는 한 사람을 위해서 여러 번의 장례 의식과 여러 개의 관대(棺臺) 설치가 실행되었다고 믿는데, 이것은 법률에서 금지된 것이네. 법률이 전쟁이나 해외에서의 죽음은 예외로 하네. 그밖에 다음도 규정되어 있네. 도유(塗油)와 관련하여 '노예에 의한 도유와 모든 주연(酒宴)'은 금지되어 있지. 이것들은 정당하게 폐지된 것인데, 다음과 같은 경우만 아니었다면 폐지되지 않았을 것이네. '사치스러운 헌주', '긴 화관' 및 '향로' 같은 것 말이지.[108] 그러나 덕에 기하여 수여되는 화관이 그것을 획득한 사람뿐만 아니라 그의 아버지에게도 부장되는 것은 탈법이 아니라고 법률이 정하므로,[109] 영예의 장식이 죽은 자에게도 속한다는 것은 이미 법률의 취지이네. 이 법문이 "금을 부장하지 말라"라고 정하고 있지만, 얼마나 인간적으로 또 다른 법문이 예외를 인정하고 있는지를 보게나들. 즉 "금으로 치아를 고정한 사람을 그 금과 함께 매장하거나 화장하여도 탈법은 아닐지어다"[110]라는 것이지. 그리고 이때 매장과 화장이 서로 다른 것으로 여겨졌다는 점도 주의들 하게나. **61** 그 밖에 분묘에 관하여 두 법문이 있는데, 하나는 사인(私人)의 건물에 관해, 다른 하나는 분묘 자체에 관해 규정하고 있지. 타인의 집에서 60보 이내의 거리에 그 집 주인의 뜻에 반하여 화장용 장작더미나 화장묘[111]를 설치하는 것[112]을 금지하는 것은 건물 화재를 두려워해서네. 그리고 (여기서는 '분묘의 앞뜰'이라는 의미의) 포룸이나 화장묘의 사용취득을 금지하는 것[113]은 분묘의 권리를 보호하기 위함이네.

이것들은 12표법에 있네. 명백하게도 법률의 기준인 자연에 따라서 말이지. 나머지 것들은 관습에 있네. 경기가 있으면 그에 맞추어 장례식이 공고될 것, 상주가 집사나 선도리[114]를 가질 것, **62** 고관의 영예가 대중 집회[115]에서 상기될 것, 그런 영예에 걸맞은 피리 반주의 노래가 따를 것 등이네. 그 곡의 이름은 '네니아'인데, 이것은 희랍인들 사이에서도 애가가 그 이름으로 불리네.

아티쿠스 **XXV** 나는 우리의 법이 자연과 일치하는 것이 기쁘고, 우리 선조들의 지혜를 아주 좋아한다네. 무엇보다도 나는 다른 비용과 마찬가지로 분묘의 비용에도 한도가 필요하다고 인정하네.

마르쿠스 옳은 요청이네. 얼마나 되는 비용으로 절차가 진행되었는지 자네가 가이우스 피굴루스의 경우를 이미 알고 있다고 생각하네. 옛날에는 그것에 대한 욕구가 거의 없었다는 선조들의 수많은 실례가 있네. 망자들에 대한 행태에서 사치와 애도를 제거[116]하라고 규정한 조문에서 우리의 법률 해석자들은 특히 분묘의 웅장함을 축소해야 함을 이해해야 하네. **63** 이것들은 또한 가장 현명한 입법자들에 의하여 경시되지 않았네. 그리고 아테네에서 그것들은 이미 관습이네. 사람들이 말하듯, 땅에 묻는 것에 관한 이 법이 케크롭스[117]부터 유지되어 왔다네. 근친들이 이 일을 하고 땅을 메운 다음, 마치 어머니의 품과 가슴이 주어지듯 곡식이 뿌려졌지. 땅은 곡식으로 속죄되고 나서 산 자들에게 돌려졌다네. 그다음 화관을 쓴 근친들이 참석하는 잔치가 뒤따랐네. 근친들이 죽은 이의 칭송거리에 관해 뭔가 진실을 말하면(거짓말은 부당하다고 여겨졌으므로), 의식이 완료되었네. **64** 그 후 장례식이 (팔레론 사람 데메트리오스가 쓰듯) 사치스럽고 애도가 과도하던 것이 솔론의 법률로 폐지되었네. 우리의 법전 편찬 10인관[118]은 그 법률을 거의 같은 문구로 12표법의 제10표로 넣었지. 상복 세 벌과 여타 다수의 것들이 솔론의 것이었네. 애도와 관련해서는 다음의 문구로 명확히 밝혀졌네. "여자들은 뺨을 할퀴지 말라. 또 장례 호곡을 하지 말라."[119] **XXVI** 반면 분묘에 관해서는 솔론 법률의 "분묘를 훼손하지도 말고 타인의 시신을 넣지도 말라" 이상의 내용은 없네. "화장묘(이것은 튐보스라 불리는데), 또는 어떤 기념물, 또는 석주(石柱)를 능욕하거나 쓰러뜨리거나 부러뜨리는" 자는 처벌되었네. 그러나 얼마 지나지 않아 우리가 케라미코스[120]에서 볼 수 있는 분묘의 방대함 때문에 "노예 열 명이 3일간의 작업이 필요한 분묘를 만들지 않"도록 법률이 제정되었지. **65** 더 이상 그것을 석고로 장식할 수도, 헤르메스라고 부르는 것을 그 위에 얹을 수도, 공적 장례식이 아니면, 또 공적으로 그러한 업무를 위탁받은 자가 아니면, 죽은 자에 대해 칭송을 할 수 없었지. 애도를 줄이기 위해, 남녀가 많이 모이는 것도 폐지되었네. 사람들이 모이면 애도가 커지기 때문이지. **66** 그래서 피타코스[121]는 다른 집 사람의 장례식에 가는 것을 절대 금하지. 그러나 데메트리오스는 장례식과 분묘의 웅장함이 커져서 대체로 지금 로마에 있는 상태로 되었다고 했네. 그 관습을 자신이 법률로써 감소시켰지. 이 사람은 자네들도 알다시피 매우 학식 있는 사람이었을 뿐 아니라 특히 공공의식 있는 시민으로 국정에도 아주 경험이 풍부했으니 말이네. 그는 그리하여 사치를 형벌뿐만 아니라 시간을 통해서도 감소시켰네. 즉 장례를 동이 트기 전에 하라고 명했지. 또한 그는 새로운 분묘에 한도를 두었네. 묘토 위에 3완척(腕尺)을 넘지 않는 기둥, 상(床), 반(盤) 외에는 금지했고, 이것의 관리를 특정 관리에게 관장하도록 시켰지.

XXVII 67 그래, 이것들은 자네의 아테네인들이 한 것이지. 이제 장례식을 종교 의식의 해석자들에게 넘긴(이 방식을 우리도 취하지만) 플라톤을 보세. 그런데 분묘에 관해선 그가 이렇게 말하네. 경작되고 있는 토지나 경작할 수 있는 토지의 어떤 부분도 분묘 사용을 위해 취하는 것을 금하고, 죽은 자의 시신을 산 자의 손해 없이 받아들이도록 만들 수 있는 토지만 특히 쓰도록 정하고, 어머니처럼 곡식을 내고 마련해 줄 수 있는 땅은 우리 중 아무도, 살았든 죽었든, 감소시킬 수 없도록 정하지. **68** 그리고 분묘를 다섯 사람이 5일에 완성할 수 있는 것보다 더 높이 짓는 것을 금하고, 죽은 자에 대한 영웅시격(英雄詩格) 4행으로 간략히

지은 칭송(이것을 엔니우스는 장구長句라고 부르지)을 새길 수 있을 비석 이상은 제작도 설치도 금하네. 이렇게 우리는 분묘에 관하여 이 최고 인물의 권위를 원용할 수 있네. 그는 각 가문의 재산 상태에 맞추어 장례비용도 1미나에서 5미나까지로 제한하네.[122] 그 다음 그는 같은 부분에서 영혼의 불사와 그 뒤에 올 선인들의 평온함, 악인들의 처벌에 관해 기술하지.

69 내 생각에 이제 종교 의식에 관한 모든 주제가 해설되었네.

종교는 국가의 토대이다

퀸투스 형님, 우리 참 풍부하게 논의했네요. 이젠 나머지 부분으로 가시죠.

마르쿠스 물론 가야지. 자네들은 나를 다음 주제들로 재촉하는 게 즐거운 모양이니, 오늘의 논의에서 결론을 짓겠네. 희망컨대 바로 오늘 말이네. 사실 플라톤도 같은 일을 했고 법률에 관한 그의 모든 논의가 여름날 하루에 다 이루어졌음을 알고 있네. 그래서 나도 그리할 것인데, 이제 정무관에 관해 말하겠네. 이것이 실로, 종교 의식이 정해진 후 나라를 유지하게 하는 가장 중요한 것이기 때문이네.

퀸투스 말씀하시죠, 그리고 형님이 시작한 기획을 따라가시죠.

3권

종교에서 세속으로

마르쿠스 **1** 그래 나는, 앞에서 했던 것처럼[1] 아마도 어떤 경탄과 함께 충격을 받아 필요 이상으로 자주 상찬했을 수도 있는 그 신적인 사람을 따르겠네.

아티쿠스 플라톤을 말하는 게 분명하군.

마르쿠스 바로 그렇네, 아티쿠스.

아티쿠스 그러나 자네가 아무리 심하게 아무리 자주 상찬해도 지나친 건 아니네. 자기 사람이 아니면 아무도 칭송받기를 원치 않는 우리 친구들[2]도 나에게 내 맘대로 그를 경애하도록 놓아둔다네.

마르쿠스 헤르쿨레스에 맹세코 그건 그들이 잘하는 것이야. 무엇이 자네의 우아함보다 더 값나갈 수 있겠나? 나에겐 자네의 삶과 언행이 극히 어려운 저 위엄과 인자의 결합을 성취한 것으로 보이네.

아티쿠스 자네를 중단시켜 매우 기쁘네. 자네의 판단에 대한 확실한 증거[3]를 자네가 제시했으니 말이네. 하지만 시작한 것을 계속하게.

마르쿠스 우선 법률 자체를 찬양하세. 그 종류에 참되고 합당한 찬양 말이네.

아티쿠스 물론이지. 자네가 종교 의식에 관한 법률에 대해 했던 것처럼 하세.

정무관법을 칭송하다

마르쿠스 2 그래, 자네들은 옳고 유익하고 법률과 결합된 것들을 주재하고 결정하는 것이 정무관의 권한임을 알고 있네. 즉 정무관을 법률이 주재하듯, 국민은 정무관이 주재하지. 실로 정무관은 말하는 법률이고, 법률은 말 못하는 정무관이라고 말할 수 있지. 3 더 나아가 벌령권보다 법에 그리고 자연의 조건에 더 적합한 것은 (이렇게 말할 때 내가 법률을 말하는 것이라고 이해해 줬으면 좋겠네) 아무것도 없지. 그 벌령권 없이는 어떤 집, 어떤 국가,

어떤 민족, 전 인류, 전 자연계, 우주 자체가 유지될 수 없네. 이 우주는 신에게 종속되고, 바다와 땅은 우주에 종속되지. 그리고 인간의 삶은 최고 법률[4]의 명령에 복종하네. **∥ 4** 우리에게 더 가깝고 더 잘 알려진 사실을 보면, 모든 옛 민족은 한때 왕에게 복종했네. 이 종류의 벌령권은 처음에는 가장 정의롭고 가장 지혜로운 자에게 부여되었었지. 왕권이 통치하고 있던 동안에는 특히 우리 나라에서 그랬었지. 그다음엔 그들의 후손들에게 전해졌네. 그 방식이 현재의 왕들 사이에도 남아 있지. 왕권을 탐탁지 않게 여긴 자들마저 아무에게도 복종치 않는 것이 아니라, 항상 한 사람에게만 복종하려고 하지 않은 것이지. 법률이 자유인에게 제정되므로, 나는 이미 여섯 권의 책에서 최선의 국가에 대해 어떤 생각을 하는지 앞서 기술했기 때문에, 법률을 내가 인정하는 국가의 형태에 맞추려 하네. **5** 그래서 정무관은 필요한데, 그들의 현명함과 면밀함이 없이는 국가가 있을 수 없네. 그리고 그들의 배분에 따라 나라 전체의 조절이 유지되네. 그들이 명령하는 방식뿐만 아니라 시민이 복종하는 방식을 규정해야 하네. 명령을 잘하는 사람은 반드시 한동안 복종할 것이고, 제대로 복종하는 사람은 언젠가 명령할 자격이 있는 것으로 여겨지네. 그러므로 복종하는 자는 자신이 언젠가 명령하기를 희망해야 하고, 명령하는 자는 짧은 시간 후엔 자신이 복종해야 한다는 것을 생각해야 하지. 그러나 우리는 정무관에게 순종하고 복종하는 것만이 아니라 그들을 존경하고 사랑하도록 규정하고 있네. 카론다스가 자기 법률에서 정했듯 말이지. 우리 플라톤은 티탄족이 하늘의 신들에게 그러하듯, 정무관에게 반항하는 이들로부터 티탄족이 나왔다고 정했네.[5] 사정이 이러하니, 자네가 괜찮다면, 법률 자체로 가세.

아티쿠스 자네의 말과 주제의 순서 모두 마음에 드네.

정무관법의 법문들[6]

마르쿠스 **III 6** ① 벌령권[7]은 정의롭게 하라. 시민들은 이에 절도 있게 그리고 이의 없이 복종할지어다. ② 정무관은 순종치 않고 해로운 시민을 벌금, 감옥, 채찍으로 금압할지어다. 단, 동등하거나 상급의 권한 또는 국민이 저지하는 경우에는 그렇지 아니하니라. 국민에게 항소권[8]이 있게 할지어다. ③ 정무관이 판결하고 처벌하면, 벌금과 형벌에 대하여 국민에 의한 공개 토론을 시행할지어다. ④ 전시에는[9] 명령권자에 대하여 항소가 없게 할지어다. 지휘관이 명한 바는 유효한 법이니라.

⑤ 부분적 권리만 갖는 여러 하급 관리가 여러 영역에 있게 할지어다. 전시에는 그들이 명령을 내릴 수 있는 자들에게 명령권을 갖게 하고 그들의 군 지휘관[10]이 되게 할지어다. 평시에는 공금을 지키게 할지어다. 범죄자들의 감옥을 지키게 할지어다. 극

형을 받은 죄수들을 처벌할지어다. 청동, 금, 은으로 공식적으로 주조하게 할지어다. 계속(繫屬)[11] 중의 법률 분쟁을 판결하게 할지어다. 원로원이 결의한 모든 것을 실행할지어다.

7 ⑥ 안찰관들은 도시, 곡물, 공적 경기의 관리자가 될지어다. ⑦ 이들에게 이 직이 더 큰 직위로 승진하는 첫째 단계가 되게 할지어다.

⑧ 호구감찰관[12]이 국민의 연령, 자녀, 노예 및 소득을 조사하게 할지어다. 도시의 신전들과 도로와 수도와 금고와 세금을 지키게 할지어다. 국민을 부족(部族)으로 구분하게 할지어다. 그리고선 재산, 연령, 계급에 따라 나누게 할지어다. 기사와 보병의 자녀를 구분하게 할지어다. 비혼자(非婚者)들이 있지 못하게 할지어다. 국민의 관습을 규제하게 할지어다. 원로원에 수치스러운 자를 있게 하지 말지어다. 2인이 되게 할지어다. 이 정무관직 임기는 5년으로 할지어다. 다른 정무관들의 임기는 1년으로 할지어다. 이 직의 권한은 영속적이게 할지어다.

8 ⑨ 민사 사건을 판결하거나 판결하도록 명하는 법 판정자는 법정관이게 할지어다. 그가 시민법의 수호자이게 할지어다. 그에게 원로원 의결과 국민의 명령과 동등한 권한을 갖게 할지어다.

⑩ 왕의 명령권을 가진 2인이 있게 하고, 그들은 선봉에서 가고, 재판하고, 보호하기 때문에 선봉관, 재판관, 보호관이라고 불리게 할지어다.[13] 전시에 그들이 최고권을 갖게 할지어다. 누

구에게도 복종하지 않게 할지어다. 그들에게 인민의 안녕이 최고의 법률이 되게 할지어다.

9 ⑪ 아무도 10년의 간격이 지나지 않고서 동일한 관직에 취임하지 말지어다. 공무담임연령제한법[14]에 따른 연령을 준수할지어다.

⑫ 그러나 심각한 전쟁이나 시민 간 내전이 발발하는 경우, 원로원이 의결하면 한 사람이 6개월을 초과하지 않는 한에서 두 집정관과 동일한 권리를 갖게 할지어다.[15] 그가 길조의 선포하에 국민 통령[16]이 되게 할지어다. 그가 기병 사령관[17]을 갖게 하는데, 후자의 권한은 법 판정자와 동등하게 할지어다.

⑬ 그러나 집정관과 국민 통령이 없는 경우, 나머지 정무관들도 없게 할지어다. 조점 집행권이 원로원에게 있게 할지어다. 그들이 그들 중에서, 의식(儀式)에 맞게 민회에서 보호관들을 선출할 자를 내게 할지어다.

⑭ 군사 명령권자, 민정 집행권자, 외교사절은 원로원이 결의하거나 국민이 명령하면 도시에서 나갈지어다. 정의로운 전쟁을 정의롭게 수행할지어다. 동맹국들을 지켜 줄지어다. 자신과 자기 부하들을 통제할지어다. 자기 국민의 영광을 높일지어다. 명예롭게 조국으로 돌아갈지어다. ⑮ 그리하여 아무도 자기 이익을 위하여 사절이 되지 못하게 할지어다.

⑯ 평민들이 무력에 맞서 자신을 보호하기 위해 선임한 10인

관은 호민관이 되게 할지어다. 그들이 개입거부권[18]을 행사한 것이나 평민회에 대하여 그들이 제안한 것은 법적 효력을 갖게 할지어다. 그들이 지성불가침(至聖不可侵)의 상태[19]이게 할지어다. 평민을 호민관 없는 상태로 있게 하지 말지어다.

10 ⑰ 모든 정무관들은 조점 수행권[20]과 재판권을 가질지어다. ⑱ 그들이 원로원을 구성할지어다. ⑲ 원로원의 의결에 법적 효력이 있을지어다. 그러나 동등하거나 상급의 권한이 이를 저지하는 경우엔, 원로원 의결을 문서화하여 보관할지어다. ⑳ 원로원 계급은 흠이 없어야 하고, ㉑ 다른 사람들의 모범이 될지어다.

㉒ 정무관 선출, 국민[21]의 결정, 명령과 금지가 투표로 의결될 때, 표결이 지도층에게 통지되게 할지어다. 단 평민에게는 표결이 자유로울지니라.

IV ㉓ 무언가가 정무관 없이 처리되어야 하는 경우, 국민은 처리할 자를 선출하고 그에게 처리권을 주어야 하느니라.

㉔ 국민 및 원로원을 소집할 권리는 집정관, 법정관, 국민 통령, 기병 사령관, 원로원이 집정관 임명을 위임한 자에게 있게 할지어다. 평민들이 스스로를 위하여 선출한 호민관들은 원로원 회의를 소집할 권리가 있을지어다. 호민관들은 또 평민회에 이익이 되는 것을 회부하게 할지어다.

㉕ 민회와 원로원에서 논의되는 것들은 적절한 의제일지어다.

11 ㉖ 결석한 원로원 의원은 정당한 사유가 있어야 하고 없으

면 책임을 지게 할지어다. 원로원 의원은 옳은 자리에서 절도 있게 발언할지어다. ㉗ 국민의 사정을 파악하고 있을지어다.

㉘ 민회에 폭력이 없게 할지어다. ㉙ 동등하거나 상급 권한이 더 큰 효력이 있게 할지어다. ㉚ 그러나 의사(議事) 중에 혼란이 있으면 잘못은 주재자의 것이니라. ㉛ 나쁜 결정에 거부하는 자는 구국의 시민으로 인정될지어다. ㉜ 민회나 원로원 회의에서 발언하는 자는 조점을 준수케 할지어다. 공공 조점관에 복종하게 할지어다.

㉝ 조점이 제시되고 공포되면 국고에 보관되어야 하고 잊혀지게 두어서는 안 되느니라. 한 사항에 대해 거듭 심의하지 말지어다. 그 사항을 국민에게 알리고 정무관이나 사인들이 알리도록 놔둘지어다. ㉞ 특정 개인에만 적용되는 특별법은 요구하지 말지어다. ㉟ 최고 민회에서 호구감찰관이 국민 중 이 일을 특히 담당하게 한 사람이 아니면 시민의 극형은 제안될 수 없느니라.

㊱ 공직을 위한 출마 시 또는 임기 중이나 임기 후 어느 때에도 선물을 받거나 주지 말지어다. ㊲ 누군가가 이 죄목들 중 하나를 위반한 경우, 그 처벌은 책임에 상응하게 할지어다.

㊳ 호구감찰관은 법률에 대한 신뢰를 유지시킬지어다. ㊴ 사인으로 돌아온 정무관은 자신의 이전 행위가 정당했음을 증명할지어다. 그렇다고 법률에 의한 책임이 면제되는 것은 아니어야 할지어다.

법안이 다 낭독되었네. 물러나 투표패를 받으라고 지시하겠네.

희랍의 최선 정부에 관하여

퀸투스 **V 12** 형님, 참 간략하게 우리 눈앞에 모든 관직의 직무 분장을 설명하셨습니다. 그러나 그 설명은 형님이 조금 덧붙인 것이 있긴 하지만, 우리 나라의 직무 분장 거의 그대로입니다.

마르쿠스 퀸투스, 참 옳게 파악했구나. 이것이 스키피오가 아까 그 책[22]에서 칭찬하고 최고로 인정하는 국가 조직이지. 그런 직무 분장이 없었다면 그것은 없었을 것이네. 자네들은 정무관들과 지도자들에 의해 나라가 유지되고 그들의 협력으로 각 나라가 무슨 종류인지 알 수 있다는 것을 알게나. 이 나라는 우리 조상에 의해 가장 지혜롭고 가장 균형감 있게 세워졌기 때문에, 이 법률에서 바꿔야 한다고 생각할 일이 전혀 없거나 별로 없네.

아티쿠스 **13** 그래, 자네가 종교 의식에 관한 법률에서 나의 환기와 요청에 의해 했던 것처럼, 어떤 이유로 이 직무 분장이 가장 마음에 들었는지 설명하기 위해 정무관에 관해서도 얘기해 주게.

마르쿠스 아티쿠스, 자네가 원하는 걸 하겠네. 그리고 희랍의 석학들이 탐구하고 토론했던 주제 전체를 설명하고, 기획했듯이 우리 법들을 다루겠네.

아티쿠스 그런 논의 방식이 아주 기대되네.

마르쿠스 물론 내가 말해야 했던 많은 부분을 이미 그 책에서 말했는데, 최선의 국가가 문제되었기 때문이네. 하지만 정무관에 관한 이 주제에 고유한 문제들이 있네. 처음엔 테오프라스토스에 의해, 그 후 스토아 철학자 디오게네스[23]에 의해 세밀히 탐구된 것들이지.

아티쿠스 **VI 14** 대체 무슨 말인가? 스토아학파도 이것을 다루었다는 말인가?

마르쿠스 내가 방금 언급한 그분, 그리고 후에는 위대하고도 특히나 박식했던 파나이티오스만은 다루었지. 옛 스토아학파는 국가에 대해 말로는 예리하게 논했지만, 국민과 시민들에 적용하려고 한 것은 아니었네. 그것들은 플라톤이 수장일 때 이 학파[24]에서 시작된 것이지. 후에 아리스토텔레스는 이 정치학 주제를 논의에서 부각했는데, 같이 플라톤에서 시작한 폰토스의 헤라클레이데스도 그렇게 했네. 아리스토텔레스의 가르침을 받은 테오프라스토스는, 자네들도 알 듯, 이 종류의 주제에 대해 정통했지. 그리고 아리스토텔레스의 또 다른 제자인 디카이아르코스도 이 연구 분야를 소홀히 하지 않았네. 그 후에 내가 위에서 말한 그 팔레론의 데메트리오스는 테오프라스토스에서 출발하여 놀라울 정도로 잘, 그 학과를 박식한 자들의 어두운 구석의 격리 상태에서 단지 햇빛과 먼지가 있는 바깥이 아니라 곧바로 결전의 전열로 끌고 나왔네. 학식은 그리 뛰어나지 않지만 국정에서 위대했던 사람들과, 최고로 박식했으나 국정에선 그다지 큰 업적이 없는 많은 사람들을 우린 상기할 수 있네. 정말 이론 연구와 국가 경영에서 최고라 할 정도로 두 영역에서 뛰어났다고 할 만한 사람으로 이분 빼고 누굴 쉽게 만날 수 있겠나?

아티쿠스 **VII 15** 나는 누군가 만날 수 있다고 보네. 그것도 우리 셋 중에서 말이네. 여하튼 시작한 것 더 나아가게.

마르쿠스 그리하여 그들은 모든 이가 복종해야 하는 정무관이 나라에 1인인 것이 좋은가 하는 문제를 제기했네. 왕들이 추방된 후, 우리 조상들은 좋다고 본 것 같네. 이전에 인정되었던 왕정 형태가 그 후 배제되었는데 왕정 자체보다는 왕 개인의 결함 때문이라서 왕이라는 명칭만 배제해야 한다고 여겨졌지만, 만일 1인의 정무관이 다른 모든 정무관에게 명령권을 갖는다면 실상은 그대로 남을 것이네. **16** 그래서 라케다이몬에서 테오폼포스에 의해 에포로스[25]들이 왕들에 대립하도록, 그리고 우리 나라에서 호민관들이 집정관들에 대립하도록 창설된 것은 이유 없는 일은 아니었네. 집정관은 법에 보장된바, 즉 다른 정무관들은 그에게 종속한다는 바로 그 권한을 가졌지. 이전에는 있었던 일들이 더 이상 없도록 나중에 창설된 호민관을 제외하고 말이네. 이것이 집정관 권한을 우선 축소시켰네. 그에 종속하지 않는 정무관이 존재했기 때문이지. 또한 그가 다른 정무관도 원조했지만 그뿐만 아니라 집정관에게 종속되지 않는 사인들에게도 원조를 제공했기 때문이네.

퀸투스 **17** 형님은 큰 악을 언급합니다. 왜냐하면 그 직이 창설되자 귀족파의 존엄은 전락하고 다중의 권력이 커졌기 때문입니다.

마르쿠스 그렇지 않네, 퀸투스. 그 권한은 국민에게만큼은 결코 오만할 수도 폭력적일 수도 없다고 여겨졌기 때문이네. 절도 있고 지혜로운 제한이 도입된 후에는 [⋯][26]

마르쿠스 [⋯] 그런데 법률은 모든 사람에게 적용되네.

외국 사절의 탐욕 금지

VIII 18[27] ⑭ 말미에 "그들은 명예롭게 조국으로 돌아갈지어다"는 선량하고 무고한 사람들은 동맹국이나 적국에서 영예 말고는 아무것도 가져오지 말아야 한다는 말이네.

⑮ 더 나아가 어떤 이가 국정의 어떤 명분도 없이 사절직을 맡는 것보다 추한 것이 없음은 실로 명백하네. 나는 사절직을 수행하면서 자신의 상속재산이나 차용증을 챙기는 자들이 어떻게 행동했는지 또 행동하는지에 대해서는 넘어가겠네. 아마도 그것은 인간이라면 가질 수 있는 결함일 수 있겠지. 그러나 원로원 의원이 맡은 바도, 위임도, 기타 어떤 국정 임무도 없이 속주에 사절로 가는 것보다 더 추한 것이 과연 무엇인지 묻고 싶네. 이 종류의 사절직을 내가 집정관으로, 원로원이 그것을 자기 이익으로 여겼음에도, 그 경박한 호민관이 개입하지만 않았더라면 원로원

의 만장일치에 의한 승인을 받아 폐지했었을 텐데. 하지만 나는 그 기간을 단축하고 무기한이었던 것을 1년으로 만들었지. 그렇게 하여 장기의 기간은 폐지되었지만 수치는 여전히 남아 있네.

이제 자네들도 웬만하면 속주를 떠나 도시로 돌아가세.

아티쿠스 우리는 그것이 좋지만 속주에 있는 사람들은 그것이 결코 좋지 않을 것이네.

마르쿠스 **19** 하지만 티투스, 그들이 이 법률을 준수한다면, 그들에게 도시와 그들의 집보다 더 달콤한 것은 없을 것이고, 그들에게 속주보다 더 수고롭고 귀찮은 것은 없을 것이네.

호민관의 권한

⑯ 다음 법률은 우리 나라에 이미 존재하는 호민관 권한을 규정하는 법률이네. 이에 대한 논의는 필요하지 않을 것이네.

퀸투스 하지만 맹세코 형님, 그 직의 권한에 대해 어떻게 생각하시는지 묻고 싶습니다. 그 직이 저에게는 마치 소요 중에 소요를 위해 태어났기 때문에 해로운 것처럼 보이기 때문입니다.[28] 그 직의 최초 기원을 기억해 본다면, 내전 중에 로마의 주요 지점들이 점령되고 포위된 동안 창설된 것을 알고 있습니다. 그 후, 완연히 기형인 아이[29]가, 12표법에 따라 기형아가 살해되었던 것처럼,[30] 신속히 살해되었는데, 짧은 시간 후 왠지 모를 이유로 다시 태어났는데[31] 훨씬 역겹고 끔찍한 모습이었습니다. **IX** 그가 초래하지 않은 것이 있나요? 못된 자에게나 어울리게 그는 아버지들[32]로부터 모든 명예를 박탈하고, 하류층을 상류층과 모든 면에서 동등하게 만들었습니다. 또 뒤흔들고 뒤섞었습니다. 그가 지도층의 존엄을 망가뜨렸지만, 그럼에도 불구하고 한 번도 나라는 평온치 못했습니다.[33] **20** 가이우스 플라미니우스와 이제는 과거지사가 되어 버린 사건들은 오래됐으니 놔두더라도, 티베리우스 그라쿠스의 호민관직이 무슨 권리를 선인들에게 남겨놓았습니까? 하지만 5년 전에 집정관들인 데키무스 브루투스와 푸블리우스 스키피오(얼마나 훌륭하고 중요한 인물들입니까!)를 모든 이들 중 가장 저열하고 경멸스러운 자인 호민관 가이우스 쿠리아티우스가 투옥시킨 것은 미증유의 사건이었습니다. 우선 가이우스 그라쿠스는 그가 포룸에 던져 주어 시민들이 그걸 갖고 서로 살육하게 만들었다고 자기 입으로 떠들었던 단검들로 나라의 형태를 완전히 바꿔버리지 않았습니까?[34] 사투르니누스, 술피키우스, 그 밖의 자들에 대해선 제가 무슨 말을 더 하겠습니까? 나라가 무력을 쓰지 않고선 축출할 수 없었던 자들 아닙니까?

21 그런데 어찌 우리의 최근 것들을 두고 옛날의 먼 것들을 제시하겠습니까? 그가 우리를 상대로 호민관 단검을 날카롭게 갈 수 없다면, 누가 우리 나라를 뒤흔들려고 음모를 꾸밀 정도로 그렇게 뻔뻔하고 우리에게 적대적일 수 있었겠습니까? 범죄에 물

들고 타락한 사람들이 그런 자를 어떤 집에서도 어떤 가문에서도 찾을 수 없었기 때문에 그들은 나라가 어둠 속에 빠져 있을 때 가문들을 혼란에 빠뜨리려 획책했습니다. 우리를 칠 어떤 대가를 걸고도 아예 호민관이 되지 말았어야 할 그자 말고는 호민관을 더 찾을 수 없었다는 사실은 우리에게 정말 자랑스러운 일이며 불후의 영광입니다. **22** 하지만 그는 얼마나 큰 재앙들을 낳았습니까? 많은 자들의 광기에 불붙은 추악한 야수의 광기가 이성도 없고 희망도 없는 가운데 낳을 수 있었던 재앙들입니다. 그 때문에 저는 그 사항에 관해서는 술라에게 강력히 찬동합니다. 그는 자신의 법률로 호민관으로부터 불법을 저지르는 권한을 빼앗고 도움을 주는 권한만 남겨두었기 때문입니다. 우리 폼페이우스를 저는 다른 모든 점에서는 언제나 최대의 그리고 최고의 상찬으로 숭앙합니다. 하지만 호민관 권한의 문제에 대해서는 침묵하겠습니다. 그를 비난하고 싶지 않아서이지만, 상찬도 할 수 없습니다.

마르쿠스 **X 23** 퀸투스, 자네는 호민관직의 결함을 정말 탁월하게 꿰뚫어 보는군. 그러나 모든 고발 사안에서 좋은 것은 간과하고 나쁜 것만 꼽고 결함만 고르는 것은 공정치 못하네. (내가 이름을 밝히고 싶지 않은) 집정관들의 잘못을 모은다면, 그 방식으로는 사실 집정관직도 비난받을 수 있기 때문이지. 호민관직에 다소 나쁨이 들어 있다는 것을 나는 인정하네. 그러나 그 직 안에서 추구되는 좋음은 그 나쁨 없이는 우리가 가질 수 없을 것이네.

'호민관들의 권한이 너무 크다.' 누가 아니라 하겠나? 다만 국민의 폭력은 훨씬 야만적이고 훨씬 격렬하네. 지도자가 있는 게 때로 없는 것보다 더 부드럽지. 지도자는 자기의 위험으로 전진하고자 생각하는데, 국민의 봉기는 자신에게 닥칠 위험을 따지지 못하기 때문이네. **24** '하지만 호민관이 때로 광분한다.' 그렇지만 빈번히 진정도 하지. 10인 중 아무도 제정신인 자가 없을 정도로 어떤 호민관단이 그렇게 절망적인가? 실은 심지어 개입 거부권을 행사했다가 티베리우스 그라쿠스에게 무시되고 숙청된 바로 그자[35]가 티베리우스 그라쿠스 본인을 망하게 했지. 그가 개입하는 동료의 직을 박탈한 것 말고 다른 무엇이 실제로 타격을 주었겠나? 그러나 자네는 여기서 조상들의 지혜를 보게. 원로원으로부터 평민에게 이 직이 인정되고, 무기들이 버려지고, 소요가 진정되었을 때, 조정이 이루어져 하류층이 지도층과 동등하게 되었다고 생각하게 되었지. 그리고 오로지 그것 때문에 나라의 안녕이 가능했네. '그러나 두 그라쿠스가 있었다!' 그들뿐 아니라 몇 명이든 얼마든지 열거해 보게. 10인이 선출되더라도, 소란하고 경박한 소수의 사람들 중에서, 자네는 어느 시기라도 파멸을 불러오는 호민관 몇 명은 찾을 것이네. 경박한 자들이고 올바른 사람이 아니지. 아마 다수가 그럴 수도 있지. 사실 최고 계층은 시기하지 않고, 평민들은 자신들의 권리를 위하여 위험한 투쟁을 하지 않네. **25** 그 때문에 왕을 추방하지 말았어야 했거나 또는 평민에게 말뿐이 아니라 실질적으로 자유를 부여했어야 했지. 그럼에도 불구하고 실질적 자유는 평민에게 부여되어 다수의 훌륭한 제도로써 지도층의 권위에 복종하도록 유도되었네.

XI 그런데 너무 사랑하는 최고의 내 아우야, 내 사안은 호민관의 권한과 맞닥뜨리긴 했지만 호민관직과의 분쟁은 없네. 평민들이 자극되어 내 재산을 시기하지는 않았기 때문이네. 감옥을 열고 노예들을 부추겼을 뿐이지. 물론 군대에 의한 공포도 더했지. 나는 그 해악[36]뿐만 아니라, 국가의 가장 심각한 위기와도 전투를 벌여야 했네. 내가 나아가지 않았더라면, 나라는 내가 가져온 이익의 열매를 오랫동안 누리지 못했을 것이네. 그리고 이것들을 사건의 결과가 보여주었지. 자유인뿐만 아니라 노예 중 자유를 누릴 자격이 되는 자들 중에 나의 안녕을 바라지 않은 사람이 누가 있었는가? **26** 내가 나라의 안녕을 위하여 한 일들의 결과가 모든 이의 인정을 받지 못하는 것이었고, 광분한 다중의 불타는 증오가 나를 축출했고, 호민관 권력이, 그라쿠스가 라이나스에게 또 사투르니누스가 메텔루스에게 했듯, 국민으로 하여금 나에게 반대하라고 부추겼다면, 내 아우 퀸투스야, 나는 참았을 것이네. 아테네에 남았던, 그렇게 해야 했던 철학자들보다는, 그 도시로부터 추방되어 추악한 나라에 머무는 것보다 배은망덕한 나라 없이 지내기를 더 원했던 저명한 사람들이 오히려 더 나를 위로했을 것이네.

자네는 그 유일한 경우에만 폼페이우스를 그다지 인정하지 않는데, 나에게 자네는 그가 무엇이 최선인지뿐만 아니라 무엇이 필요한지를 신경 써야 했다는 것을 별로 의식하지 못하는 것처럼 보이네. 즉 그는 이 나라에 그 직이 없을 수 없다고 생각했던 것이네. 왜냐하면 우리 국민이 알지도 못하면서 그렇게 갈구했던 것을 알게 됐는데 어찌 없이 지낼 수가 있겠는가? 파멸적이지 않고 저항할 수 없을 정도로 아주 인기 좋은 일을 위험하게 대중 선동가에게 남겨놓지 않는 것이 지혜로운 시민의 의무였네.

아우야, 자네는 알고 있지. 통상 이러한 논의에서 더 나아가기 위해서는 "타당하네" 또는 "완전히 그러하네"를 말해야 한다는 것을 말이네.

퀸투스 저는 찬동할 수는 없습니다. 그렇지만 형님이 나머지 부분으로 나아가시길 바랍니다.

마르쿠스 자넨 참 고집이 있군. 원래 생각을 견지하는 것인가?

퀸투스 그렇습니다.

아티쿠스 맹세코 나는 우리 퀸투스와 생각을 달리하지 않네. 하지만 남은 것을 들어보세.

조점 수행권과 정무관과 원로원의 권한

마르쿠스 **XII 27** ⑰ 그런 다음 우리는 모든 정무관에게 조점 수행권과 재판권을 부여하네. 재판권에는 상소를 받는 민회의 권력에 의한 제한[37]이, 조점 수행권에는 이유 있는 지연에 의하여 다수의 무용한 민회가 개최되지 않게 하려는 목적이 있지. 종종 불멸의 신들이 국민의 부당한 서두름을 조점 징조로써 중단시키기도 하였네.

⑱ 호구감찰관의 호선에 의한 원로원 구성이 폐지된 후, 정무관직을 가졌던 자들을 구성원으로 원로원이 구성되어서 아무도 국민을 통하지 않고서는 최고 지위에 도달할 수 없는 것은 국민 결정을 통하라는 원칙에 완전히 부합하네. ⑲ 원로원의 권위가 우리 법률로 강화되면 이 부족함을 줄이게 되네. **28** 그리하여 "원로원의 의결에 법적 효력이 있을지어다"가 따르지. 사정이 다음과 같기 때문이지. 즉 원로원이 공적 결정의 주인이고, 원로원이 정한 것은 모든 이가 지키고, 나머지 계층들이 지도층의 결정으로 나라가 다스려지길 원하는 경우, 권력은 국민에 있고 권위는 원로원에 있기 때문에 권한의 조절에 의하여 저 절도 있고 조화로운 국가 질서가 유지될 수 있네. 특히 다음 법률이 준수되는 경우에 말이지. ⑳ 그래서 다음 규정이 "원로원 계급은 흠이 없어야 하고, 다른 사람들의 모범이 되어야 한다"이네.

퀸투스 형님, 이 법률은 훌륭합니다. 다만 그 계층이 오류가 없어야 한다는 것은 불명확하여 해석자로 호구감찰관이 필요합니다.

아티쿠스 **29** 그 원로원 계층이 전적으로 자네의 것이며 자네의 집정관직에 감사하는 기억을 간직하고 있다 하더라도, 다음을 말할 테니 화내지 말게. 즉 그 법률은 호구감찰관뿐만 아니라 모든 재판관[38]들을 지치게 만들 수 있네.

마르쿠스 **XIII** 그것들은 그만두게, 아티쿠스. 우리의 논의는 이 원로원이나 지금 있는 사람들이 아니라 미래에 있을 사람들에 관한 것이네. 만에 하나라도 어떤 이들이 법률들을 준수하고자 한다면 말이지. 법률이 흠이 전혀 없을 것을 명하고 있기 때문에, 흠을 가지고 있다면 그 누구도 그 계층에 진입하지 못할 것이네. 그런데 이것은 일정한 교육과 기율 없이는 하기 어려운데, 이것들에 관해서는 기회와 시간이 좀 나면 아마 뭔가를 얘기할 수 있을 거네.

아티쿠스 **30** 자네가 전체 법률의 순서를 장악하고 있으므로 기회는 없을 수 없지. 시간은 긴 낮이 아낌없이 줄 거네. 나는 자네가 간과하더라도 자네에게 교육과 기율에 관해 말할 기회를 요청하겠네.

마르쿠스 제발 그렇게 해 주게, 아티쿠스. 내가 뭔가를 간과하면 말이네. 〔…〕 ㉑ "다른 사람들의 모범이 되어야 한다." 우리가 이것을 지탱하면, 모든 것을 지탱하는 것이네. 그가 있다면 우리는 모든 것을 가지고 있네. 통상 지도층의 욕망과 흠으로 국가 전체가 감염되듯, 그들의 관철력으로 개선되고 교정되기도 하지. 위대한 사람이자 우리 모두의 친구인 루키우스 루쿨루스는 투스쿨룸에 있는 자기 별장의 웅장함이 비난받았을 때 아주 적절하게 대답한 것으로 전해지네. 자기에게 두 이웃이 있었는데, 위쪽으로는 로마 기사, 아래쪽으로는 해방 노예였다고 말이네. 그들의 별장은 웅장했기에, 더 낮은 계층의 사람들에 허용된 바는 자기에게도 허용되어야 한다고 했다더군. 루쿨루스, 모르겠는가, 그 사람들이 사치를 욕구했던 것이 다 자네 때문이라는 걸? 그걸 자네가 안 한다면 그들에게도 허용되지 않을 텐데. **31** 속된 것도 성스럽고 종교적인 것도 있는 조각상과 회화로 가득 찬 그들의 별장을 본다면 누가 그 사람들을 용인할 수 있겠는가? 그런 욕망을 제어하여야 할 자들 자신이 동일한 욕망에 잡혀 있다면 누가 그들의 방탕을 놔두겠는가? **XIV** 즉 지도층이 잘못을 범하는 것은 물론 그 자체로 악이기는 하지만 무수한 지도층 모방자들이 존재하게 하는 것만큼 막대한 악은 아니네. 시간의 기억을 톺아보면 나라 자체가 나라의 최고 인물들처럼 되었음을, 또 지도층의 풍속 변화에 민중의 풍속 변화가 뒤따랐음을 명확히 알 수 있네. **32** 이것이 우리 플라톤의 견해보다 훨씬 더 타당하지. 그는 음악 소리가 바뀌면 나라 형태도 바뀐다고 하였네. 그러나 나는 귀족들의 삶과 생활방식이 변하면 나라의 풍속도 변한다고 생각한다네. 그 때문에 흠 있는 지도층이 나라에 더욱 큰 파멸적 영향을 끼친다네. 즉 자신들이 흠들을 가질 뿐만 아니라, 흠들을 나라에 퍼뜨리기 때문이지. 그들은 자신이 부패하여 해를 줄 뿐만 아니라, 부패시키는데 잘못보다 모범이 됨으로써 더 해를 끼치지. 그리고 전 원로원 계층으로 확대된 이 법률은 제한될 수도 있네. 즉 명예와 영광으로 높여진 소수 내지 극소수만이 사실상 국가의 풍속을 부패시키거나 교정할 수 있네. 이것이 지금은 충분하네. 그 책[39]에서 상세히 다루어졌네. 그래서 나머지 부분으로 가세.

투표 제도의 바람직한 형태

XV 33 ㉒ 다음은 투표에 관한 것이네. 나는 투표가 귀족에게는 알려져야 하고 민중에게는 자유로워야 한다고 명하네.[40]
아티쿠스 맹세컨대 주의를 기울였지만, 나는 법률 그 자체가 또는 저 용어들이 무엇을 의미하는지 잘 이해하지 못했네.
마르쿠스 지금 말하겠네, 티투스. 정무관 선출을 위한 투표, 피고인에 대한 판결을 위한 투표, 법률안의 통과나 제안이 비밀로 이루어지는 것이 나은지 또는 공개적인 것이 나은지 어렵고도 심도 있게 자주 제기되는 문제를 다루겠네.
퀸투스 문제될 것이 있나요? 다시금 형님과 다른 견해를 가질까 두렵군요.

마르쿠스 그렇진 않을 거야, 퀸투스. 왜냐하면 나는 투표에서 공개 방식보다 더 좋은 것은 없을 것이라는, 내 알기에 자네가 항상 주장했던 그 견해에 찬동하거든. 다만 그 견해가 실현할 수 있는지는 살펴보아야 하네.

퀸투스 **34** 그런데 형님, 허락해 주실 거라 믿고 말하겠습니다. 그 견해는 특히 세상 물정 모르는 사람들을 오류에 빠뜨리고 빈번히 국가에 해를 끼칩니다. 어떤 것이 참되고 올바르다고 주장되지만, 그것을 관철할 수 없고 국민에게 저항할 수 없다고 주장되는 경우에 그러합니다. 사실 강고하게 나아갈 때 저항을 받는 것이고, 또 좋은 명분에서 폭력에 제압되는 것이 나쁜 명분에서 자진해 굴복하는 것보다 낫습니다. 지금 누가 투표패에 관한 법률이 귀족당으로부터 모든 권위를 박탈했다고 생각지 않습니까? 국민이 자유로웠던 때에는 이러한 투표법을 원한 적이 없습니다. 그러나 지배층의 지배와 권력에 압도되자 국민은 그것을 요구했습니다. 그래서 실력자들에게 비밀 투표보다 공개 투표로 훨씬 더 엄중한 판결이 내려졌습니다. 따라서 좋지 않은 사안에서 투표를 향한 과도한 욕망을 권력자들로부터 박탈했어야 합니다. 그리고 국민에게 은신처를 주지 말았어야 합니다. 선인들은 각 투표자의 생각을 모른 채 그 은신처에서 투표패가 해로운 투표를 숨기고 있는 것입니다. 그러므로 이 방식의 제안자나 주창

자를 선인들 중에서는 찾을 수 없습니다.

XVI 35 네 가지 투표패 법률이 있는데, 첫째 법률은 정무관 선출을 위한 것입니다. 그것이 무명이자 저열한 어떤 이가 제안한 가비니우스 법[41]입니다. 2년 후에는 민회 결정에 관한 카시우스 법[42]이 나왔습니다. 귀족 루키우스 카시우스가 제안했습니다. 그의 가족이 내 말을 봐 주길 바라는데, 그는 선인들로부터 떨어져 나가 민중을 위한다는 하찮은 평판도 마다하지 않았습니다. 세 번째는 법률의 채택 또는 거부에 대해 제정된, 선동적이고 사악한 시민인 카르보가 제안한 카르보 법[43]입니다. 카르보는 선인들에게 돌아가긴 했으나 그들에 의한 구원을 받지는 못했습니다. **36** 카시우스 자신이 제외시킨 유일한 종류가 반역죄입니다. 가이우스 코일리우스는 이 종류의 사안에서도 투표패를 도입했는데, 가이우스 포필리우스를 제압하기 위해 (반역죄에도 비밀 투표를 규정하여) 나라에 해를 끼친 것에 대해 한평생 괴로워했습니다.

물론 우리 할아버지도 유례없는 용기로 이 자치시에서 마르쿠스 그라티디우스가 투표법을 제안했을 때 그를 상대로 생전에 줄곧 저항했다고 합니다(할아버지는 그의 누이, 즉 우리 할머니와 혼인했습니다). 그라티디우스가 국자 속의 파도[44]를 일으켰다고 알려져 있는데, 그 아들 마리우스는 후에 에게해[45]에서 그 파도를 일으켰습니다. 그리 상황이 자기에게 보고되자 〔집정관 마르쿠스 스카우루스는 우리 할아버지에게…〕 이렇게 말했다고 합니다. "마르쿠스 키케로[46]여, 자네의 용기와 결기로 자치시보다는 큰 나랏일에서 우리와 일했다면 참 좋았을 것을!"

37 그래서 우리가 지금 로마 국민의 법률을 고찰하는 것이 아니라 빼앗긴 법률들을 되찾거나 새로운 법률들을 제정하는 것을 문제 삼고 있기 때문에, 무엇이 국민에게 실현 가능한지가 아니라 무엇이 최선인지를 형님이 말씀하셔야 한다고 생각합니다. 실로 그가 주창하여 제정되었다고 하는 카시우스 법과 관련하여 스키피오는 아직도 책임지고 있습니다. 형님이 투표패법을 만든다면 형님이 책임질 것입니다. 저는 그 법률에 찬동하지 않을 것이며, 기색으로 판단할 수 있는바, 아티쿠스도 찬동하지 않을 것입니다.

아티쿠스 **XVII** 내 마음에 민중적인 어떤 것도 마음에 든 적이 없네. 나는 이 사람[47]이 집정관 시절에 세웠고 귀족의 권한 내에 있었던 국가가 최고의 국가라고 주장하네.

마르쿠스 **38** 자네들은 내가 보기에 투표패 없이 법률을 거부하네. 그러나 스키피오가 그 책[48]에서 자신의 변호를 위해 충분히 말했지만, 나는 선인들이 권위를 갖고 행사할 수 있도록 국민에게 그 자유를 부여하겠네. 나는 투표에 관한 법률을 다음과 같이 낭독하였지. "표결이 지도층에게 통지되게 하라. 단 평민에게는 표결이 자유로워야 한다." 이 법률은 이후에 통과되었던, 누구든 투표패를 보고, 요구하고, 질문하는 것이 금지되는 등 온갖 방식으로 투표를 은폐하는 모든 법률들을 폐지한다는 취지를 갖네. 마리우스 법은 심지어 기표하러 가는 다리를 좁게 만들었지.[49]

39 이 법률이, 일반적으로 그렇기는 하지만, 불법 매표를 범하려는 자들을 저지하기 위한 것이었다면 나는 비난하지 않네. 그럼에도 법률들이 기능하지 못하여 불법 매표가 발생하면, 확실히 국민은 투표패[50]를 자유의 수호자[51]로 가져야 하네. 다만 투표패가 지위 높은 최선자 시민들에게 보여져야 하며 그것도 자발적으로 제공되는 한 그러하지. 그래서 바로 국민이 명예롭게 선인들을 기쁘게 해 줄 권한이 있다는 그 점 때문에 자유가 존재하는 것이지. 그럼으로써 퀸투스, 이제 자네가 금방 말한바, 즉 공개 투표 때보다 투표패로써 사람들이 덜 유죄판결 받는 것이 이루어지네. 왜냐하면 그것이 허락되는 것으로 국민은 만족하기 때문이지. 그것을 보유하는 한 국민의 그 밖의 의지는 권위 또는 영향력에 굴복하지. 그리하여 금전 살포로 더럽혀지는 투표는 논외로 한다며, 불법 매표가 잦아들면 귀족들이 무슨 생각을 하는지가 문제되는 것을 알지 못하는가? 따라서 우리 법률로 자유의 형상이 주어지고, 선인들의 권위는 유지되며, 분쟁의 계기는 제거되지.[52]

원로원과 민회의 질서 있는 운영

XVIII 40 ㉔ 그다음엔 누가 국민 또는 원로원 회의를 주재할지의 문제가 뒤따르네. ㉕ 그래서 내 생각에 중대하고 또 탁월한 법조문이 따르지. "(민회와) 원로원에서 논의되는 것들은 적절한 의제일지어다", 즉 절제되고 침착해야 하네. 주재자는 앞에 있는 자들의 정신과 의지뿐만 아니라 거의 표정까지도 조절하고 만들기 때문이지. 그것이 원로원에서는 어렵지 않게 이루어지네. 왜냐하면 원로원 의원은 마음이 주재자에 의해 영향을 받기보다는 자기 자신으로 존중받으려 하기 때문이지.

㉖ 원로원 의원을 향한 지시는 세 가지이네. 참석해야 하네. 원로원이 만장일 때 사안이 중대성을 띠기 때문이지. 그는 적절한 기회, 즉 발언을 요청받았을 때 발언해야 하네. 그리고 끝없이 길지 않도록 적절해야 하네. 왜냐하면 의견 표명에 있어서의 간결함이 원로원 의원뿐만 아니라 연설자에게도 큰 명예가 되기 때문이지. 원로원이 야망에 의해 곧잘 일어나는 잘못을 범하고 정무관은 저지에 협력하지 않는 때 기일이 취소되도록 하는 것이 유용한 경우, 또는 연설자가 촉구하거나 알리기 위해 긴 연설이 필요할 정도로 사안이 엄청난 경우를 제외하고는 결코 긴 연설을 해서는 안 되네. 이 두 영역 모두에서 우리 카토는 탁월하지.

41 ㉗ "그는 국민의 사정을 파악하고 있을지어다"가 추가되었

는데, 그것은 원로원 의원에게 나랏일을 아는 것이 필수적이라는 말이네. 그리고 그것은 아주 범위가 넓지. 나라가 군대는 어떠한지, 국고는 어떠한지, 동맹국들은 어디이고, 어떤 우방이 있고, 어떤 조공국을 갖는지, 무슨 법률, 조건, 조약에 복속하는지 알아야 하고, 의결의 관례를 견지해야 하고, 조상들의 선례를 알아야 하지. 자네들도 이제 지식, 주의, 기억의 이 종류의 지침[53]을 다 알게 되었네. 그것 없이는 원로원 의원이 결코 준비될 수 없지.

42 ㉘ 그런 다음 시작이자 가장 중요한 "민회에 폭력이 없게 할지어다"가 요소인 민회에서의 주재가 따르네. 왜냐하면 그 무엇도 질서 있고 잘 조직된 나라에 무언가가 폭력으로 행해지는 것보다 나라에 더 치명적이고, 그 무엇도 더 법과 법률에 반하고, 그 무엇도 덜 시민적이고 비인간적인 것도 없기 때문이지. ㉙ 이 법률은 개입자에게 복종할 것을 명하네. 이보다 훌륭한 것은 없지. 왜냐하면 좋은 것이 저지되는 것이 나쁜 것이 허용되는 것보다 낫기 때문이네. **XIX** ㉚ 그런데 내가 잘못은 주재자에게 있다고 규정하는 것은 전부 아주 현명한 사람 크라수스의 생각대로 말한 것이네. 집정관 가이우스 클라우디우스가 그나이우스 카르보의 폭동에 관해 보고하자 원로원이 민회를 주재하던 자의 의사 없이 폭동이 일어날 수 없다고 의결했을 때, 원로원도 그에 따른 것이지.[54] 왜냐하면 거부권이 행사되고 소요가 일어나기 시작했

을 때 주재자는 즉시 회의를 해산할 수 있기 때문이라는 것이지. 폭동을 계속하고자 하는 자는 주재가 더 이상 불가능할 때 폭력에 호소하네. 그리고 그것은 이 법률에 따라 처벌 없이 넘어갈 수 없지. ③ 이것이 뒤따르네. "나쁜 결정에 거부하는 자는 구국의 시민으로 인정될지어다." **43** 법률의 이러한 탁월한 목소리로 칭송을 받고도 그 누가 열정적으로 나라를 원조하지 않겠는가?

법률의 준수와 보호

② 그다음 우리가 공중의 관습 내지 법률에서도 갖는 것인데, 다음과 같이 규정되었지. "조점을 준수케 하라. 공공 조점관에 복종하게 할지어다." 좋은 조점관이라면 나라의 극한 위기 시에 대령하고 있을 것, 조점을 실행할 때 보조할 것을 그에게 명받은 자들이 그를 보조하듯, 최선최고의 신 유피테르에게 조언자 겸 보조자로 뽑힌 것, 그가 빈번히 나라에 도움을 줄 수 있는 하늘의 특수 구역이 자신에게 분배되어 있는 것을 잊지 말아야 하네.

③ 그다음 공포(公布), 개별 법률, 사인과 관리들의 청문에 관한 것이 뒤따르네.

44 ⑭~⑮ 다음 12표법의 아주 탁월한 법 조항 두 개가 전해지네. 그중 하나는 개별 사건 법률을 폐지했고 다른 하나는 시민의 극형에 관해서는 최고 민회[55]가 아니면 청구를 금지하지.[56] 아직

선동적인 호민관직이 창설되지 않았고 생각지도 못했으니, 조상들이 그렇게 먼 미래를 예견했다는 점은 경탄스럽네. 그들은 사인들 상대의 법률이 제정되는 것을 원치 않았네. 그것은 바로 개별 법률이니 말이네. 이보다 무엇이 더 부당하겠나? 법률의 의미란 만인을 상대로 결정되고 명령되는 것일진대 말이지. 그들은 백인대 민회가 아니면 개인에 대해 법률이 제정되는 것을 원치 않았지. 왜냐하면 재산, 계층, 연령에 의하여 등급 매겨진 국민이 임의로 구역에 따라 소집된 국민보다 투표에서 더 큰 판단력을 갖기 때문이지. **45** 나의 사안에서 큰 재능과 최고의 사려를 갖춘 루키우스 코타가 말한바, 즉 나에 관한 협의는 전혀 없었다는 것이 더 맞는 말이네. 왜냐하면 그 집회가 노예들의 무장에 의해서 이루어졌다는 점을 차치하더라도, 구역 민회는 극형 범죄에, 또한 다른 어떤 민회도 개별 법률에 대해 유효한 결정을 내릴 수 없기 때문이네. 그래서 나에 관한 입법을 위한 협의가 전혀 되지 않았기 때문에, 나에게 법률이 필요 없다는 것이지. 하지만 자네들뿐만 아니라 최고위층은 노예들과 도적들이 뭔가 평가했던 자에 관해 전 이탈리아가 어떻게 생각하는지를 보여야 한다고 생각했네.

XX 46 ㊱ 금전수수와 불법 매표에 관한 법률이 뒤따르네. 법률들이 문언보다는 판결로 집행되어야 하므로, ㊲ 다음이 추가되네. "그 처벌은 책임에 상응하여야 할지어다." 그래서 각자 자신의 잘못에 대해서만 책임지도록 말이지. 폭력은 사형으로, 물욕은 벌금으로, 야욕은 오명으로 처벌되네.

㊳ 마지막 법률들은 우리에게 적용되는 현행법은 아니나 나라에는 필요한 것들이네. 우리는 법률에 대한 감시자를 갖지 못하지. 그래서 그 법률들은 우리의 하급 관리들이 원하는 대로 된다네. 우리가 필경사에게 청하는데, 공적 문서에 의해 인증된 공적 기록을 갖지 못하지. 법률감시관[57]을 창설하였던 희랍인들은 이를 더 세심하게 처리했네. 이 관리들은 문서만이 아니라(이것이 우리 조상들에게도 그러했으니), 인간들의 행위를 감사했을 뿐만 아니라 법률에 조회도 하였지.

호구감찰관의 직무

47 호구감찰관들이 국정을 항상 담당하길 우리가 원하므로, 이 감독 업무는 그들에게 부여되어야 하네.

㊴ 관직에서 사임한 자들이 그들 앞에서 그들이 임기 중에 무슨 일을 수행했는지를 제시하고 해명하여야 하네. 그리고 호구감찰관들은 그들에게 선결 판결을 내려야 하네. 이것이 희랍에서는 공시적으로 임명된 소추자들에 의해서 이루어지는데, 물론 그들이 스스로 원한 것이 아니면 권위를 가질 수 없지. 그리하여 호구감찰관 앞에서 회계 감사를 받고 상태가 설명되는 것이 더

낫지만, 그에 대한 결정은 법률, 소추자, 판결에 위탁하는 것이 좋네. 그런데 이제 관직에 관해서는 충분히 논했네. 아직도 뭔가 자네들에게 부족한 것이 없다면 말이네.

아티쿠스 뭐라고? 우리가 말을 안 하면, 다음으로 자네가 말해야 할 것을 주제 자체가 자네에게 알려주지 않는가?

마르쿠스 내가 말해야 할 것? 재판에 관해 말해야 한다고 생각하네, 폼포니우스. 그 주제는 관직과 연결되어 있지.

정무관의 공식 권한에 관한 법률의 예고

아티쿠스 **48** 그렇다고? 자네가 기획했던바, 로마 국민의 법에 관해서는 아무것도 말하지 않아도 된다고 생각하는가?

마르쿠스 이 자리에서 자네가 요구하는 것이 대체 무엇인가?

아티쿠스 내가 요구하는 것? 나랏일을 담당하는 자들이 그것을 모르면 극히 수치스럽다고 나는 생각하네. 금방 자네가 말한 바처럼 법률들을 필경사를 통해서 요청하게 되는데, 그렇게 내 관찰의 결론은 관직에 있는 대부분의 자들이 스스로 법을 몰라 하급 관리들이 원하는 만큼만 이해한다는 것이네. 그러한 이유로 종교 의식에 관한 법률을 자네가 제안했을 때, 제사의 양도에 관해 말해야 한다고 자네가 생각했다면, 법률로 규정된 관리의 권한에 관한 법을 논하도록 자네가 신경 써야 하네.

마르쿠스 **49** 할 수만 있다면 나는 짧게 하겠네. 자네 부친의 벗인 마르쿠스 유니우스 님이 그 법에 관하여 글로, 또 내 생각엔 그가 정통하여 세심하게 논술했기 때문이지. 그럼 우리는 우리 나름 자연법에 관해 생각해야 하고, 로마 국민의 법에 관해 말해야 하네. 이 두 법은 우리에게 남겨지고 전해진 것이지.

아티쿠스 나도 바로 그렇게 생각했네. 그리고 바로 자네가 말할 것을 기다리고 있네.

단편들

1. 쓸모 있는 것과 없는 것의 선택도 못할 거라면 그 누가 동맹 자들을 보호할 수 있겠는가?[1]

— 마크로비우스, 『희랍어 단어와 라티움어 단어의 차이점과 유사점에 관하여

(*De differentiis et societatibus Graeci Latinique verbi*)』 17장 6절.

2. 태양이 정오를 약간 지난 것으로 보이고 이 어린 나무들로 이 장소 전체가 충분히 그늘이 드리워지지 못하므로 우리가 리리스강가로 내려가 아직 남은 이야기를 오리나무 그늘[2]에서 끝내기를 자네는 원하는가?

— 마크로비우스, 『사투르날리아(*Saturnalia*)』 6권 4장 8절.

3. 세계가 하나의 동일한 본성으로 서로 일치하는 그것의 모든[3] 부분들로 정합적이고 의존하는 것처럼 모든 인간은 본성상 서로 결합되어 있는데 타락하여 논란을 벌이며, 또 그들이 혈연으로 연결되어 있고 모두 동일한 후견하에 있다는 것을 이해하지 못한다. 그리하여 만일 이것을 명심한다면, 인간들은 분명히 신의 삶을 살 텐데.

– 락탄티우스, 『신학 강요(*Institutiones Divinae*)』 5권 8장 10절.

4. 우리 자신에게 축하하자. 죽음이 생전보다 더 나은 상태를 만들었거나, 적어도 더 나쁜 상태를 만들지는 않았기 때문이다. 왜냐하면 육체 없이도 영혼이 생생하다면 삶이 신적이기 때문이고, 육체적 감각이 없다면 분명히 아무런 악이 없기 때문이다.

– 락탄티우스, 『신학 강요』 3권 19장 2절.

5. 키케로는 희랍이 체력 단련장에 쿠피도와 아모르 신의 모상들을 세웠으므로, 크고 대담한 계획을 품었다고 말한다.

– 락탄티우스, 『신학 강요』 1권 20장 14절.

주석

주석에서 법개념들에 대한 설명은 대부분 참고 문헌에 소개한 아돌프 버거(Adolf Berger)의 『로마법 사전(*Encyclopedic Dictionary of Roman Law*)』을 참조하였고, 필요한 내용이 더 있을 경우에만 역자가 추가로 기술하였다.

1권

1 **아르피눔** 로마에 가까운 이탈리아의 한 지역이자 자치시. 이 작품의 배경이 되는 장소이다.

2 **『마리우스』** 키케로의 시 저작이다. 아르피눔 동향 사람인 마리우스를 다룬 서사시이다. 기원전 59년에 쓰인 『아티쿠스에게 보낸 서한집』 2권 15장 3절에 이 작품에서 인용하기 때문에 그전에 지은 것으로 추정된다.

3 **자네는 형을 상찬하면서 자기도 과시하는군** 키케로의 아우 퀸투스도 시인이자 비극작가인 것으로 알려져 있다. 키케로, 『아우 퀸투스에게 보낸 서한집』 3권 6장 7절 참고.

4 **스카이볼라** 키케로의 스승인 스카이볼라는 기원전 88년에 사망하였으므로, 여기서의 스카이볼라는 그 손자로 보인다.

5 **야자수** 호메로스 『오뒷세이아』(이준석 옮김, 아카넷, 2023) 6권 162~163행. "예전에 델로스에서, 아폴론의 제단 곁에서 바로 그러한 대추야자의 여린 줄기가 돋아나는 걸 본 적이 있어요."

6 **유피테르의 황갈색 사자가 놀라운 모습을 보이며** 『마리우스』에 있는 시구이다. 역사적 실존 인물 마리우스는 유피테르의 사자(使者)로 알려진 독수리가 뱀을 제압한 후 동쪽으로 날아가는 것을 보았다고 전해진다. 물론 이 사건은 아주 좋은 징조로 여겨졌다. 키케로, 『예언에 관하여』 (강대진 옮김, 그린비, 2021), 1권 106절 참고.

7 **현재 자네 집에서 멀지 않은 곳에서** 네포스(Cornellius Nepos)의 『명사전(*De viris illustribus*)』에 따르면, 아티쿠스의 탐필루스 저택(domus Tamphiliana)은 퀴리날리스 언덕에 있었다.

8 **프로쿨루스 율리우스라는 사람에게 … 명했다는 건 사실인가** 로마의 초대 국왕 로물루스는 재위 중이던 어느 날 갑작스럽게 사라졌다. 이에 로마인들이 불안해 하고 있을 때, 프로쿨루스 율리우스라는 인물이 '로물루스가 나에게 와서 로마가 미래에 세계의 수도가 될 것이라고 말했다'고 알리면서 사람들을 위로하고 진정시켰다고 한다. 『리비우스 로마사 Ⅰ』 (이종인 옮김, 현대지성, 2018) 44~45쪽.

9 **아퀼로** Aquilo. 계절에 따라 바뀌는 바람의 신들 넷 중 북풍의 신 보레아스의 라틴어 이름이다.

10 **아퀼로가 오리튀이아를 끌고 간 것이** 희랍 신화에 따르면, 오리튀이아는 아테네의 왕 에렉테오스의 딸이었다. 보레아스는 일리소스강가에서 그녀를 탈취하여 혼인하였다.

11 **티투스** 아티쿠스. 그의 완전한 이름은 티투스 폼포니우스 아티쿠스(Titus Pomponius Atticus)인데 여기서는 티투스로 불렸다. 그리고 1권의 17절, 21절 등에서는 폼포니우스로도 불린다.

12 **누마 왕이 에게리아와 대화한 것이나** 전설상 로마 제2대 왕 누마 폼필리우스는 종교와 법을 확립한 자로 알려져 있다. 이 누마 왕이 로마 포르타 카페나의 숲에서 에게리아라는 님프를 매일 밤 만나 대화하고 종교와 법의 여러 가지를 배웠다고 전해진다.

13 **독수리가 타르퀴니우스의 머리에 모자를 씌웠다는** 하루는 독수리 한 마리가 타르퀴니우스 프리스쿠스의 모자를 채 가고선 공중을 돌면서 큰

소리로 운 다음 다시 모자를 그의 머리에 내려놓고 갔는데, 이 사건이 좋은 징조가 되어 그가 그 후 왕좌에 오르게 되었다는 고사가 있다. 리비우스, 『로마사』, 1권 34장 참고.

14 **테오폼포스** 이소크라테스의 제자이다. 역사가이지만 연설술에도 뛰어 났다. 키케로의 『브루투스』 204절에는 이소크라테스가 테오폼포스에 게는 재갈이 필요하다고 평가한다.

15 **무미건조하기** 사본의 'iucundius(더 재미있는)'가 문맥에 맞지 않아 'ieiunius(더 무미건조한)'로 고쳐 읽었다. 대제관들이 기록한 연대기(annales)는 흥미를 위한 글이 아니라 사실 기록이었기에 무미건조하지 않을 수 없었다.

16 **파비우스** Fabius Pictor. 로마 최초의 역사가이자 연대기 작가.

17 **카토** Cato Censor. 노(老) 카토. 『기원론(Origines)』를 저술하였다.

18 **피소** Calpurnius Piso Frugi. 로마의 정치가이자 역사가. 일곱 권 이상 의 로마 연대기를 저술하여 '역사가 피소'라는 별명을 얻었다.

19 **판니우스** Gaius Fannius. 기원전 118년 이전에 법정관을 역임하고, 제 3차 카르타고 전쟁에서 전공을 세웠다. '역사가 판니우스'라는 별명이 있다.

20 **벤노니우스** Vennonius. 『아티쿠스에게 보낸 서한집』 12권 3장 1절에 따 르면 키케로는 이 역사가의 책을 가지지 못한 것을 아쉽게 생각하였다.

21 **겔리우스** 사본에 겔리우스는 없으나 맥락상 겔리우스를 추가한 수정 을 받아들인다.

22 **아셀리오** Sempronius Aselio. 기원전 134년~기원전 133년에 누만티아 와의 전쟁에서 스키피오의 참모였다. 폴뤼비오스의 역사 기술을 본받 았다.

23 **시센나** Sisenna. 기원전 1세기 후반을 다룬 역사서를 집필하였다. 다만 그의 작품은 현존하지 않고 일부만 단편으로 전한다.

24 **클레이타르코스** 알렉산드로스 대왕의 역사가 중 한 사람이다. 부자연 스럽고 과장된 스타일의 대명사이다.

25 **그나이우스 폼페이우스** 폼페이우스는 기원전 66년부터 동방 전역(戰役)에서 폰토스의 미트라다테스 왕, 파르티아, 아르메니아 왕국을 제압하는 공을 세웠다. 동방에서 거둔 이 전승으로 기원전 61년 로마에서 그를 위한 세 번째 개선식이 열렸다.

26 **집정관직** Consules. 통령, 콘술. 왕정 시기 왕이 가졌던 왕권(potestas regia)을 이어받은 공화정기의 최고 정무관. 백인대 민회(comitia centuriata)에서 선출된 2인의 집정관이 1년 동안 국가를 통치했다. 다른 정무관직 창설과 원로원과 민회의 활동으로 집정관의 본래 무제한적이었던 권한은 점차 약화되었고, 호민관의 개입권(intercessio)에 의해서도 크게 제한되었지만 군사령관으로서의 권한은 약화되지 않았다.

27 **그해** 기원전 63년. 키케로 자신이 집정관을 역임한 해를 자부하고 있다.

28 **레무스와 로물루스에 대해** 로물루스와 레무스는 로마를 건국했다는 인물들이다. 그리하여 이 말은 로마에서 아주 오랜 옛날을 가리키는 관용적 표현으로 쓴다.

29 **외교사절직** 자유 사절(legatio libera)을 의미한다. 자유 사절은 개인적인 업무로 외국을 여행하는 원로원 의원의 편의를 위하여 원로원이 창설하는 사절직으로, 공적인 의무는 부담하지 않았다.

30 **스카이볼라 선생님** 퀸투스 무키우스 스카이볼라 아우구르(Quintus Mucius Scaevola Augur, 기원전 169년~기원전 88년). 위대한 시민법 정초자이다. '대제관(pontifex maximus)'을 별칭으로 갖는 동명의 퀸투스 무키우스 스카이볼라(Quintus Mucius Scaevola Pontifex Maximus, 기원전 140년~기원전 82년)와 구별하기 위하여 '조점관(augur)'이라는 별칭이 붙었다. 공화정기 정치가이자 로마법의 권위자로, 법학은 부친인 또한 동명의 퀸투스 무키우스 스카이볼라에게서, 철학은 로도스의 파나이티오스에게서 사사했다. 로마에서 최고로 탁월한 연설가들인 키케로와 아티쿠스의 법학 선생이었다. 『법률론』에서는 로마 시민법의 권위자로서 언급되고, 『연설가론』, 『라일리우스 우정론』, 『국가론』의 세 작품에서는 등장인물이다. 기원전 121년에는 법정관, 기원전 117년에

는 집정관을 역임했다. 기원전 88년에는 가이우스 마리우스를 국민의 적으로 지명하라는 술라의 요구에 대해 오히려 마리우스가 구국의 영웅임을 들어 거부하였다.

31 **문답계약(問答契約)** Stipulatio. "100금을 지급할 것을 서약하는가 (spondesne centum dare)"와 같은 채권자의 질문(interrogatio)과 "서약한 다(spondeo)"와 같은 채무자의 답변(responsio)으로 체결되는 구술의 엄격 요식 계약. 답변은 질문과 완벽하게 합치되어야 하며, 그 둘이 다르거나 조건 등이 부가되면 문답계약은 무효가 된다.

32 **판결 방식서** 로마법에서 방식서(formula)란 정무관, 특히 사법정무관인 법정관(praetor)이 심리절차를 지휘하는 심판인(iudex)에게 발하는 지시인데, 심판인이 어떤 조건하에 피고에 대하여 유책판결(condemnatio)하거나 면소판결(absolutio)을 해야만 하는지에 관한 내용을 담고 있다.

33 **자네는 최고의 공화정 형태에 대해 썼으므로** 키케로의 『국가론』을 말한다.

34 **법정의 관행이 요구하는 것** 당시 법정은 일몰과 함께 폐정되는 것이 관행이었다.

35 **법정관의 고시** Edictum praetoris. 로마시 법정관(praetor urbanus)과 외국인에 대한 법정관(praetor peregrinus)은 고시권(ius edicendi)에 기하여 임기 초기에 고시를 제정하였다. 법정관의 고시는 법 발전의 중요한 요소였다. 그들은 시민법(ius civile)하에서 사법적인 보호를 받지 못하는 법적인 상황과 거래를 보호하기 위하여 새로운 소권들인 '법정관 소권들(actiones praetoriae)'을 창설하고 시행하였다. 법정관의 고시는 "나는 소권을 부여하고 강제하고 허가하고 반환시키고 명령하고 보유시킬 것이다(iudicium dabo, cogam, permittam, restituam, iubebo, servabo)" 등의 문구를 통해 공포되었다.

36 **12표법** Lex Duodecim tabularum. 기원전 451년~기원전 450년에 제정되었다. 최초의 로마 법전 편찬 또는 관습법의 근본적 규칙들의 모음으로 12개의 판에 기록되었다. 입법 작업이 '법전 편찬 10인관 (decemviri legibus scribundis)'이라는 위원회에서 이루어졌기 때문에, 12

표법을 달리 '10인관법(leges decemvirales)'이라고도 부른다. 이 법전의 편찬은 평민과 귀족 사이의 정치적 투쟁의 결과였다. 이전에 평민의 주된 불만은 귀족들이 자신들의 이익만을 위하여 법을 독점 집행한다는 점, 법의 불확실성, 가혹한 채무의 집행 등이었다. 예컨대 채무자의 신체 분할까지 가능했던 구속행위(nexum) 제도가 있었다. 12표법은 그 일부만 법학과 문학 작품 내 인용문을 통해 알 수 있는데, 특히 유스티니아누스 황제 법전에서 상당한 양의 규정을 인용하고 있어서 이를 통하여 재구된다. 12표법은 법의 여러 상이한 영역을 다루고 있다. 절차적 규범에서 시작하여, 민법과 형법뿐만 아니라 종교법의 규정까지 포함한다. 키케로는 소년이었을 때 로마의 청소년들이 12표법을 암기하였다고 기록한다. 키케로를 비롯한 로마 저술가들의 보고에 따르면, 12표법은 제정된 후 수백 년 동안 로마에서 높은 평가를 받았다. 로마의 역사가 리비우스는 심지어 "모든 공법과 사법의 원천", "전 로마법의 총체(corpus)"라고까지 평가하였다.

37 **최고의 권위와 지식을 갖춘 한 사람** 세르비우스 술피키우스 루푸스(Servius Sulpicius Rufus, 기원전 105년경~기원전 43년). 로마 공화정 시기의 저명한 법학자. 기원전 51년에 집정관을 역임하였다. 세르비우스와 키케로는 함께 웅변을 공부하였다. 저서는 약 180권에 이르는데, 최초로 법정관 고시에 대한 주석서를 저술하였다. 카이사르와 폼페이우스의 대결 중에 폼페이우스 편에 섰다가 카이사르의 사면을 받았다. 무키우스 스카이볼라 이후 가장 뛰어난 법학자로 인정된다. 무키우스 스카이볼라처럼 법을 학문으로 만들었는데, 특히 분류법에 의하여 법학의 수준을 크게 올렸다.

38 **시민법** Ius civile. 이 개념은 로마라는 시민 공동체의 법을 가리키며, 헬레니즘의 다양한 철학파에 따라 각각 다른 의미로 사용된다. 그에 반하여 '퀴리스인들의 법(ius Quiritium)'은 지중해 세계의 모든 도시국가들에 나타나는 법 중 하나라는 의미이다. 시민법 개념은 자연 개념들에 기초하는 자연법(ius naturale)이라는 시민법에 상보적(相補的)인

개념을 통해 더 잘 이해된다.

39 **현명** Prudentia. 로마법학은 이 현명을 로마법의 본질 규정으로 삼았다.

40 **희랍인들은 법률이 희랍어로 … 그렇게 불린다고 보네** 희랍어에서는 '분배하다'라는 뜻인 '네메인(νέμειν)'에서 '법률'이라는 뜻의 '노모스(νόμος)'가, 라틴어에서는 '선택하다'라는 뜻인 '레게레(legere)'에서 '법률'이라는 뜻인 '렉스(lex)'가 파생되었다는 의미이다.

41 **여섯 권으로 된 책** 키케로의 『국가론』을 의미한다.

42 **동문수학자들** 아티쿠스는 인간사에 대한 신들의 개입을 부정하는 에피쿠로스학파를 대표하고 있다. 여기서 키케로는 이 점을 노려 익살스럽게 아티쿠스에게 조심할 것을 촉구한다.

43 **선인들** 선인들(boni viri)은 로마에서 지도층, 상류층, 상층부라는 의미이다. 로마 공화정에서 현실적으로 존재했던 귀족이라고 보아도 무방하다.

44 **최고의 인물이 … 자기 저작의 제1장** 에피쿠로스, 『중요한 가르침』 1번.

45 **그만이 홀로 … 다른 모든 것들은 없지** 스토아학파에 따르면, 이성은 우주의 지도 원리이며 오직 신과 인간만이 공통으로 갖는다. 키케로의 『국가론』 3권 3절 이하와 33절, 『신들의 본성에 관하여』 2권 16절 참고.

46 **이성보다 더 신적인 것이 무엇이겠나** 스토아 철학자 크뤼시포스의 언명. 『신들의 본성에 관하여』 2권 16절 참고.

47 **개념** Intelligentia. 스토아 인식론의 희랍어 용어 '엔노이아(ἔννοια)'에 대한 키케로의 라틴어 역어이다. 다른 라틴어 역어로 '노티오(notio)'나 '노티티아(notitia)'도 있다. 『최고선악론』 3권 21절 참고.

48 **그 책** 키케로 『국가론』 4권.

49 **개나 고양이를 신으로 숭배하는 사람들** 이집트인들을 상정하고 있다.

50 **시인** 로마의 대표적 작가 테렌티우스이다. 원용된 작품은 『저 자신을 벌주는 사람(Heautontimorumenos)』으로, 77절에 '나는 인간이다. 인간적인 것 어느 것도 나와 무관하지 않다고 생각한다(Homo sum: humani nil a me alienum puto)'라는 문장이 있다. 원래는 기원전 4세기에 메난

드로스가 지었지만 전해지지 않는 작품의 제목이다.

51 **판단력이 자연과 부합하여 … 무관한 것은 없다고 생각했더라면** 키케로, 『의무론』 1권 30절(임성진 옮김, 아카넷, 2024, 40쪽).

52 **그는 이 분리를 … 비난했다네** 키케로, 『의무론』 3권 11절(임성진 옮김, 아카넷, 2024, 170쪽). "소크라테스는 본래 결합된 훌륭함과 유익을 최초에 개념적으로 분리한 자들을 저주하곤 했다."

53 **피타고라스의 언명** "친구 사이에는 모든 것이 공통이고 우정은 평등하다"이다.

54 **어떤 이들** 에피쿠로스학파.

55 **국력** 파월 편집본에서는 '일'이라는 뜻의 '레스(res)'로 수정하였지만, 여기서는 이 제안을 택하지 않고 사본에 따라 '힘'이라는 뜻의 '비레스(vires)'로 읽었다.

56 **그 자체로 상찬받을 만한 것 말고 선이라고 들 것은 아무것도 없다** 스토아학파와 아리스톤에 의한 선의 정의이다.

57 **자신의 힘으로 상찬받을 수 있는 것 아니면 큰 선이라고 여길 수 없다** 구아카데미아와 소요학파에 의한 선의 정의이다.

58 **인생에서 추구하거나 회피해야 할 것을 쾌락이나 고통으로 정하는 사람들** 에피쿠로스학파.

59 **신아카데미아** 회의주의 아카데미아로서 참된 지식의 가능성을 부정하여 모든 교설에 반대한다.

60 **그리고 아르케실라오스와 … 침묵을 요청하세** 키케로에게 회의주의 아카데미아 철학의 가장 큰 장점은 회의주의적 방법이 보장하는 사변의 자유였다. 『법률론』 집필 당시 키케로는 스토아의 교설을 받아들였지만, 회의주의적 방법도 유지하는 것으로 보인다. Woldemar Görler, "Silencing the Troublemaker: *De legibus* I.39 and the Continuity of Cicero's Scepticism", edited by J. G. F. Powell, *Cicero the philosopher*(Oxford, 1995), pp. 85~113, 특히 85~86 참고.

61 **그** 누구를 지칭하는지 불명확하지만, 피타고라스로 추정할 수 있다.

62 **복수의 여신들** 푸리아이(Furiae). 희랍 신화의 에린뉘에스에 해당한다.

63 **복수의 여신들이 그들을 몰고 쫓는 것이네** 아이스키네스, 『티마르코스 탄핵』, 190절. "시민 여러분, 악행의 충동이 신에게서 온 것이라 생각지 마시길 바랍니다. 그보다는 인간의 사악함에서 비롯된 것입니다. 비극에서처럼 불경건한 사람들이 타오르는 횃불을 손에 든 분노의 여신들에게 쫓기고 징벌받는다고 상상해서는 안 됩니다."

64 **인간을 불의로부터 멀어지게 하는 것이 자연이 아니라 처벌이어야 한다면** 유익에 기반을 둔 에피쿠로스학파의 정의관이다.

65 **아테네의 그 30인 참주** 30인 참주(οἱ Τριάκοντα Τύραννοι)는 고대 아테네에서 기원전 404년 8월부터 기원전 403년 3월까지 8개월 동안 지속된 30인으로 구성된 친스파르타 과두정의 공포 통치를 가리킨다. 아테네가 펠로폰네소스 전쟁에서 패한 후 과두제를 지향하는 사람들이 스파르타의 사령관 리산드로스의 지원을 받아 권력을 장악하여 통치 기간 동안 1,500명 이상의 정적을 살해하였다. 이들의 전복은 트라쉬불로스가 주도하였다.

66 **간왕(間王)** Interrex. 간왕의 직무 기간은 '간왕기(interregnum)'라 부른다. 공화정기에 두 집정관 모두 사망하거나 퇴위한 경우 전통귀족 원로원 의원 중 1인이 5일 임기의 간왕으로 선출되었다. 간왕의 주된 직무는 새 집정관 선출을 명하고 주관하는 것이었다. 새 집정관이 선출되지 못한 경우, 간왕은 다음 5일 기간을 위하여 자신의 후계자를 지명하였다.

67 **동일한 자들** 에피쿠로스주의자들.

68 **임약(賃約)** 로마법의 임약(locatio conductio)은 현대의 임대차, 고용, 도급 세 계약을 포괄하는 계약 유형이다. 대가를 받고 물건이나 용역을 제공한다는 공통점이 있다. 계약의 당사자는 임대인, 노무자, 도급인과 같은 '대주(is qui locat. 영어의 locator)'와 임차인, 사용자, 수급인과 같은 '차주(is qui conducit rem. 영어의 conductor)'이다.

69 **최고선 … 판단해야 할 문제이지** 이와 관련된 논의의 상세한 내용은 키

케로의『최고선악론』참조.

70 **파이드로스** 저명한 에피쿠로스학파 철학자. 키케로는 청소년기엔 로마에서, 기원전 79년~기원전 78년엔 아테네에서 그의 수업을 들었다.

71 **대(代)집정관** Proconsul(pro consule). 명령권(imperium)을 연장받은 (prorogatio imperii) 전직 집정관과 전직 법정관(pro praetor)이 이 관직명으로 속주의 행정을 담당했다. 말하자면 총독의 역할이었다. 원로원 속주들 중 아시아 속주와 아프리카 속주와 같이 총독에게 요구되는 지위가 전직 집정관인 집정관급(consulares) 속주도 있었고, 총독이 전직 법정관인 법정관급(praetoriae) 속주도 있었다. 대집정관의 명령권은 속주의 민형사 사법권과 일반 행정권을 포괄했다.

72 **그들은 한 가지 … 견해가 일치하기 때문이네** 이는 아스칼론의 안티오코스의 견해와 같다. 키케로는 아리스토텔레스와 초기 소요학파를 플라톤의 후계자들과 같은 그룹으로 포괄한다.

73 **옛사람들** 구아카데미아.

74 **이 사람** 제논을 일컫는다.

75 **정원** Hortulus. 에피쿠로스학파 공동체 및 그들의 거주 구역을 일컫는다.

76 **두 편** 제논의 편과 크세노크라테스, 아리스토텔레스와 플라톤 학파의 편.

77 **적합함** Ducus. '훌륭함'이나 '덕'과 같은 의미이다.

78 **부적합함** Dedecus. '추함'이나 '악덕'과 같은 의미이다.

79 **사태가 아니라 말의 이러한 차이에서 최고의 선과 악** 선과 악의 '경계'라고 이해할 수 있다는 점을 이용하여 키케로는 바로 뒤에서 로마의 토지 경계 획정을 이야기한다.

80 **5보** 경계지(ambitus)를 말한다. 12표법에 의해 최초로 도입된 이웃하는 건물 사이의 공지로서, 로마 단위로 각 건물 2.5보의 넓이이다. 두 건물이면 5보가 된다.

81 **사용취득** Usucapio. 로마법상 비교적 단기의 시효취득이다. 12표법에 규정되어 있다. 아버지의 권력(솔가권) 안에 머물렀던 여자를 얻은 남편은 1년이 지나면 그녀에 대해 가장권을 얻었는데, 다만 아내가 사흘

밤을 아버지의 집에서 보냄으로써 시효취득을 중단시킬 수 있었다. 토지를 법정의 권리이전 방식을 거치지 않거나, 소유자가 아닌 자에게서 매수하면서 점유를 이전받는 경우, 2년이 지나야 시민법상 소유자가 되었다. 동산 등 기타 물건은 그 기간이 1년이었다. 훔친 물건은 시효취득에서 제외되었다.

82 **마밀리우스 법** 마밀리우스 로스키우스 페두카이우스 알리에누스 파비우스법(Lex Mamilia Roscia Peducaea Alliena Fabia). 기원전 111년과 기원전 59년 사이에 제정되었다. 식민시 및 자치시에서의 토지 경계 분쟁을 규율하였다.

83 **재정인** 여기에 해당하는 'Arbiter'에는 두 가지 의미가 있다. 첫 번째 의미는 '재정인(裁定人)'이다. 즉 사법정무관인 법정관(praetor)이 법률관계가 의심스러운 경우에는 심판인(iudex)을 선임하지만, 법적으로는 명확하나 사실적으로 불확실한 법률관계를 확정하기 위해서는 재정인을 선임했다. 재정인은 보통 특수한 전문적·기술적 지식이 요구되는 소송에서 심판인 명부에 등록된 평균적 로마 시민보다 더 나은 지식과 자격을 갖는 자가 선임되었다. 재정인은 자기 판결에 재량권을 가졌기에, 통상의 심판인 소송에서 있었던 법정관의 지시에 의한 심한 제한을 받지 않았다. 두 번째 의미는 '중재인(仲裁人)'이다. '화해에 기한 중재인(arbiter ex compromisso)'을 의미한다. 분쟁 해결을 위하여 당사자들이 합의, 즉 화해(compromissum)하면서 선임한 중재인이다. 당사자들은 서로 위약금부(附) 문답계약("중재인의 판정에 위반하여 이행하지 않는 경우 위약금으로 100금을 나에게 주겠는가?")에 의하여 중재인 판정에 대한 이행 의무를 서로 강제할 수 있었다. 즉 중재인 판정(sententia arbitri 또는 pronuntiatio arbitri)은 강제 집행될 수 있었다. 중재인이 하는 임무의 구체적 내용은 우선 당사자의 합의에 따라 달랐지만, 심판인보다는 더 많은 재량을 가졌다.

84 **12표법에 따라 … 획정할 것이네** 12표법의 법문은 다음과 같이 추정되거나(제7표의 4와 제7표의 5b) 전승된다(제7표의 5a). 원문의 재구성

과 번역은 최병조. 「십이표법(대역)」, 『법학』 제32권(1991), 166~167 쪽을 따랐다. 제7표의 4 "12표법은 (경계로부터) 5보 내에서는 사용 취득이 행해지는 것을 원하지 않았다(usus capionem XII tab. intra V pedes esse noluerunt)." 제7표의 5a "그들이 쟁송하는 경우에는…(SI IURGANT…)." 제7표의 5b "경계에 관하여 분쟁이 발생하였는바, 이 경우… 12표법에 의하여 우리 세 사람이 재정인으로서 경계를 획정할 것이다(controuersia est nata de finibus, in qua—[e XII tres] arbitri fines regemus)."

85 **그럼 우리 판결은 어떤 것일까요** 사본에서 이 질문을 한 사람이 퀸투스인지 아티쿠스인지 불명확하다.

86 **잘레우코스** 아테나 여신의 계시를 받아 최초로 성문법을 제정하였다고 전해진다.

87 **평민회 결의** Plebiscita. 평민회(concilia plebis)를 통과한 결정 내지 법령. 본래 평민회는 오로지 평민과 관련된 문제만 처리했는데, 가장 중요한 사안은 호민관이나 평민 안찰관과 같은 평민 정무관의 선출이었다.

88 **그것에 대한 사랑이라는 희랍어 단어에서 철학이 이름을 찾았네** 철학을 뜻하는 '필로소피아(φιλοσοφία)'라는 말이 지혜(σοφία)를 사랑한다(φιλο-)는 뜻이기 때문이다.

89 **델피의 신** Delphicus deus. 물론 아폴론을 가리킨다. 특히 그의 경고 '너 자신을 알라'와 관련된다.

90 **하나의 도시** 특정 공동체가 아닌 우주를 하나의 도시처럼 보고 자신이 그곳의 시민이라는 사고의 시초는 시노페의 디오게네스(기원전 412년 또는 기원전 404년~기원전 303년)로 알려져 있다.

91 **퓌티아의 아폴론** 고대 희랍의 델피에서는 아폴론이 자신의 성소에서 신탁을 내린다고 알려져 있었다. 이때 신탁을 매개하는 여사제가 퓌티아였다. 원래는 대지의 여신 가이아의 자식으로 뱀 또는 용 형상의 괴물인 퓌톤이 델피에서 세계의 중심인 배꼽을 지키며 신탁을 내리고 있었는데, 아폴론이 퓌톤을 죽인 후 그곳에서 자기가 신탁을 내리게 되

었다고 한다.

92 **지속 연설** Oratio perpetua. 논의에서 주장자가 자신의 입장을 일방적,
체계적으로 연설하는 방식이다. 문답식과 대비된다.

93 **지혜** 철학을 의미한다.

94 **대단히 중요하다고 주장하려는 그것들** 신법, 종교법.

95 **기원인 것들** 신법, 종교법.

2권

1 **에우리포스** 에우보에이아섬과 희랍 본토 사이의 해협.

2 **'나일'이나 '에우리포스'라고 … 비웃지 않을 사람들이 있을까** 꾸며놓은 인
공 건조물에 불과한 물길에 엄청나게 큰 강인 나일강 등의 명칭을 차용
하는 것을 비판하고 있다.

3 **쿠리우스의 집** Curiana domus. 사비니인들 땅에 있던 마닐리우스 쿠리
우스 덴타투스의 검소한 농장.

4 **최고로 영리한 자** 오뒷세우스를 가리킨다.

5 **위대한 자** Magnus. 폼페이우스(Gnaeus Pompeius Magnus)의 별명이다.

6 **구국 영웅이 두 명** 티투스 암피우스와 가이우스 마리우스.

7 **팔라이스트라** 고대 희랍과 그 영향하에 있던 로마에 설치된 투기 연습장.

8 **『파이드로스』에서 소크라테스가 했던 것** 『파이드로스』(김주일 옮김, 아카
넷, 2020) 229a에는 소크라테스가 "이리로 길을 벗어나 일리소스강을
따라가세나. 그러다가 마음에 드는 곳이면 어디든 조용한 데 앉을 수
있을 거고"라고 말하자, 파이드로스가 "때마침 잘 된 것 같네요. 제가
마침 맨발이니 말이죠. 선생님이야 늘 그렇잖아요. 그러니 우리 발을
담그고 냇물을 따라가는 게 가장 편하겠네요"라고 답한다.

9 **튀아미스강** 희랍 에페이로스 지역의 강. 키케로 형제의 친구 아티쿠스
는 그 강변에 별장을 지었고, 이름을 '아말테이아'라 붙였다. 주변에 넘
파 아말테이아의 신전이 있었기 때문이다.

10 **아라토스** 기원전 315년경~기원전 240년경. 희랍의 시인. 킬리키아에서 태어나 아테네에서 유학하고, 제논의 스토아 철학을 받아들였다. 펠라에 있는 안티고노스 고나타스의 궁정에 초빙되어 기원전 277년에는 켈트족에 대한 왕의 승리를 칭송하는 「판에게 바치는 찬가」를 지었다.

11 **무사 여신들의 시작이 유피테르에서** 아라토스의 시 첫 문장에서 학문과 예술의 신인 무사 여신들을 언급하면서 이들의 아버지인 유피테르까지 거슬러 올라간 것처럼, 키케로 자신도 가장 근원이 되는 것부터 논하겠다는 뜻이다.

12 **법정에 소환하면** 12표법 첫 조문의 첫 구절. 12표법의 제1표의 1 "(원고가 피고를) 법정에 소환하면 (피고는) 출두하여야 한다. 그가 출두하지 않으면 (원고는) 증인을 소환하여야 한다. 그 후에 (원고는) 그를 포획한다.(SI IN IUS VOCAT, [ITO], NI IT, ANTESTAMINO: IGITUR EM CAPITO.)" 최병조, 「십이표법(대역)」, 160쪽.

13 **법률들** 로마에서 '법률들'은 12표법을 가리킨다.

14 **코클레스** 푸블리우스 호라티우스 코클레스는 기원전 6세기 후반 로마와 에트루리아 클루시움의 전쟁에서 활약한 장교이다. 그는 병사들을 독려하여 클루시움 왕 라르스 포르세나(Lars Porsena)의 군대로부터 말뚝다리(Pons Sublicius)를 방어한 것으로 유명하다. 그와 병사들이 다리를 성공적으로 방어한 다음 로마인들이 다리를 파괴하여 침략군의 진격을 막았고 도시를 구해 낼 수 있었다. 『리비우스 로마사 II』(이종인 옮김, 현대지성, 2019), 136~138쪽 참고.

15 **그들** 철학자.

16 **티티우스 법률과 아풀레이우스 법률** 공화정 말 정치적 소요가 격심했던 시기, 급진적 호민관들에 의해 민중 친화적, 민중 추수적 법률들이 다수 제정되었다. 티티우스(Sextus Titius)와 아풀레이우스(Lucius Appuleius Saturninus)는 호민관들이고, 이 법률들은 각각 기원전 100년에 아풀레이우스, 기원전 99년에 티티우스가 폭력을 통해 통과시킨 법률들이다.

17 **리비우스 법률** 기원전 91년 호민관 마르쿠스 리비우스 드루수스

(Marcus Livius Drusus)의 제안으로 제정된 법률이다.

18 **내가 효력에 관해 설명한 그 법률** 최고의 법률.

19 **뭔가를 설득하고 … 일이라고 생각했네** 플라톤, 『법률』 4권 723a.

20 **티마이오스** 기원전 345년경~기원전 250년경. 희랍의 역사가 타우로 메니온의 티마이오스가 잘레우코스의 존재 자체를 부정했는지, 단지 입법자였음을 부정했는지, 피타고라스학파의 동조자였음을 부정했는 지에 대해서는 아직 다툼이 있다. 『그리스 역사가들 단편집(*Fragmenta historicorum Graecorum*)』 566 F 130a 참조.

21 **로크리** 이탈리아반도 칼라브리아 브루티움(Bruttium) 해안의 희랍인들 이 사는 식민지. 이렇게 한 지역 공동체가 로마의 유력자에게 예속되 어 일정한 의무도 부담하고 보호도 받은 경우가 많았다.

22 **여기 법률의 전문(前文)이 있네. 플라톤도 이걸 그렇게 불렀네** 플라톤, 『법 률』 4권 722d.

23 **신성법** Sacratae leges. 성소와 성물을 보호하는 기능을 갖는 신성법이 위반되는 경우, 위반자는 하계의 신에게 바쳐진다. 즉 저주받고 처벌 은 영원히 그치지 않는다. 누군가가 성소인 신전에서 성물을 절도하 는 경우 또는 분묘를 훼손하는 경우가 그 예이다.

24 **종교법의 법문들** 2권의 19절부터 22절까지는 키케로가 종교법의 법문 들을 제시한 것이다. 이에 대한 해설은 23절부터 시작된다.

25 **신들에게 예배할지어다** 요한 니콜라이 마드비(J. N. Madvig)의 해석에 따라 'cultos acceperint'를 넣어서 읽었다.

26 **도시에는** 스테파누스(Robertus Stephanus)의 해석에 따라 'in urbibus'를 넣어서 읽었다.

27 **성전** Delubrum.

28 **성림(聖林)** Lucus.

29 **라레스** 가정과 국가의 수호신으로, 단수로 지칭할 때는 라르(Lar)이고, 복수로 지칭할 때 라레스(Lares)라고 한다. 이 신의 기원은 불명이지만 조상 중의 영웅, 화덕, 농지, 도로, 경계 등을 상징하고 보호한다고 여

겨진다. 필자나 맥락에 따라서는 라레스와 페나테스(Penates)가 같은 신을 가리키는 것으로 혼용된다.

30 **리베르** Liber. 또는 리베르 파테르(Liber Pater). 포도 재배와 포도주, 남성성, 자유의 신이다. 평민의 구역이라고 알려진 아벤티누스 언덕에서 케레스, 리베라와 함께 '아벤티누스 3신'으로 경배되었다. 이 신의 축전인 리베랄리아(Liberalia)는 3월 17일에 거행되었는데, 자유 언론 내지 성인의 지위와 관련되어 있다. 후대에는 포도주의 대표신인 바쿠스 또는 디오뉘소스에 통합되어 같이 경배되기도 하였다.

31 **휴일에는 분쟁을 없게 할지어다** 법적 분쟁의 해결을 위한 법정의 개정(開廷)을 금한다는 의미이다.

32 **자신들의 사제** '별개의'라는 뜻을 가진 'alii'를 넣어서 읽었다.

33 **국가 제관** Pontifex. 로마에서 종교와 공적 의식에 관련된 업무를 담당하던 고위 성직자들. 신관은 동료단체(collegium)로 기능하였다. 신법(ius divinum)과 제관법(ius pontificium)의 입법자, 수호자, 전문가였으며 종교 의식 관련 법(ius sacrum)을 제정하였다. 초기 로마의 종교와 법의 밀접한 관계 때문에 제관들이 법적 문제에서도 특별한 지위를 가졌다. 그들만이 법, 즉 신법(fas)과 인법(ius)을 알았다. 또 제관단의 문서보관소에 있던 법률 방식서에 접근할 수 있었던 그들이 공화정 초기 두 세기 동안 법을 독점하였다.

34 **전속 제관** Flamines. 로마 초기의 사제들. 이 제관들은 특정 신에게 제의(주로 희생)를 수행할 임무를 부담하였다. 이 가운데 최고위 제관은 유피테르 전속 제관(flamen Dialis)이었다. 그에게는 고관 의자(sella curulis)와 같은 특권이 부여되었다.

35 **전문 기술** 조점 자체가 에트루리아로부터 전수되어 조점 전문 기술은 '에트루리아 기술'로도 불렸다.

36 **버드나무 수목원** Virgetum.

37 **하늘의 번개들을 확정 구역별로 제어할지어다** 이 법문은 미리 정해진 구역마다 번개의 형상이 어떠한지 관찰할 것을 명한다. 조점관의 직무

중 하나가 하늘에 번쩍이는 번개들이 지정된 하늘의 구역 내에 기존의 모습대로 있는지, 또 그것들이 그로부터 벗어나거나 형태가 달라지는 것이 있는지를 관찰하는 것이기 때문이다.

38 **극형에 처할지어다** capital esto. 생명을 박탈하는 사형 또는 자유나 시 민권의 박탈을 초래하는 두격 감등(capitis deminutio)의 결과가 부과되는 형벌이다. 두격 감등에서 '두격'이란 현대적 의미에서 '법인격'을 말한다.

39 **외교제관단** Fetiales. 초기 로마부터 종교적인, 특히 외국과의 국제 관 계에서 공무를 담당했던 20명의 제관단. 그들의 본 임무는 국제 조약 의 조건들이 잘 이행되고 있는지 감시하는 것이었다. 조약의 체결, 추 방의 직무 등을 맡았고, 선전포고 시 로마를 대표하였다. 외국에서 의 업무 수행에서 제관단 대표자의 공식 명칭은 '참여 실행한 아버지 (pater patratus)'였다.

40 **기괴아** Prodigia. 기괴한 모습으로 태어난 갓난아이. 어떠한 모습이었 는지 확정할 수는 없다.

41 **흉조아** Portenta. 징조가 좋지 않은 아이.

42 **야간 희생제** 예컨대 도시담당 법정관(praetor urbanus)의 저택에서 거행 된 보나 데아(Bona Dea, '좋은 여신') 의례가 허용되었던 여자들의 야간 희생제의 한 실례이다.

43 **이다의 어머니의 노예들** 이다의 어머니란 퀴벨레를 말한다. 이다는 그 여신의 발상지인 소아시아의 산 이름이다. 그 여신을 섬기는 노예들 은 거세된 갈리아인들이었다.

44 **성물** Sacrum.

45 **살인범** Parricida. 이 용어의 기원이나 원의는 불상이다. 다만 누마 폼 필리우스 왕이 다음과 같은 내용의 법을 제정했다고 전해진다. "어 떤 이가 알면서 악의로 자유인을 살해했다면, 그는 살인범이 돼라 (parricidas esto)." 본문은 신성한 물건이나 신성한 장소에 위탁된 물건 을 침해하여 신성을 모독한 자는 살인자와 같은 중범죄자로 취급해

야 한다는 의미이다. 섹스투스 폼페이우스 페스투스, 『용어들의 의미에 관하여(*De verborum significatu quae supersunt com Pauli epitome*)』(Edidit Aemilius Thewrewk de Ponor. Pars 1, 1889), p. 221 참고.

46 23절부터 68절까지는 앞서 제시한 종교법의 법문들에 대한 해설이다. 해설 앞에 원기호로 매겨진 숫자들은 어떤 조문에 해당하는지를 표시한 것이다.

47 **제관** Magi.

48 **퀼론의 범죄** 소위 '퀼론의 독신(瀆神) 사건'. 참주가 되려했던 퀼론은 아크로폴리스를 점령했다가 실패하고 도망한다. 따르던 자들은 에린뉘에스(Semnai theai) 신전에 비호를 구하며 숨어들었다 끌려나와 살해되었다.

49 **오만과 무사려의 성전** 아테네에 있었던 휘브리스(Ὕβρις)와 아나이데이아(Ἀναιδείας) 신전을 가리킨다.

50 **승리와 장악을 의미하는 비카 포타** 비카 포타(Vica Pota)는 '승리'라는 뜻의 '빈케레(vincere)'와 '장악'이라는 뜻의 '포티리(potiri)'가 합쳐져 만들어진 이름으로, 고대 로마에서 승리의 여신으로 숭배되었다. 팔라티누스 언덕과 에스퀼리누스 언덕 사이 벨리아 언덕 기슭에 신전이 있었다.

51 **확고히 서 있음을 뜻하는 스타타** 스타타 마테르(Stata mater)는 '서 있음'을 뜻하는 '스타레(stare)'에서 유래하여 만들어진 이름으로, 고대 로마에서 화재로부터 사람들을 보호하는 여신이다. 스타타는 불카누스(Vulcanus)와 합일되기도 하는데 불이 '서게(타오르게)' 만든다.

52 †**먹힌** 원문 훼손이 심하여 해독이 어려운 부분이다.

53 **해답** 로마 법률가들이 자문하는 사람들을 상대로 전문 지식을 바탕으로 답하는 것을 '해답'이라고 한다.

54 **최고 명령권** 정무관이 갖는 최고 권한의 군사적 측면이다.

55 **최고 직권** 정무관이 갖는 최고 권한의 행정적 측면이다.

56 **티티우스 법률 … 리비우스 법률들** 2권 14절의 주석을 참조할 것.

57 **필리푸스** 기원전 91년의 집정관이다.

58 **우리가 신들이 존재하고 … 왜 점술을 부정해야 할지 모르겠네** 점술에 대한 스토아의 입장.

59 **폴뤼이도스 … 헬레노스** 희랍의 전설적인 예언자들이다.

60 **프뤼기아인** 특히 조점에 강점이 있던 사람들이다.

61 **학과** Scientia. 통상 '앎'이나 '지식'으로 번역되지만 이 책의 맥락에서는 '학과'가 적합하다.

62 **그 사안들의 공식 해석자들** 앞에서 언급된 외교제관단(fetiales).

63 **야코스** 야코스(Ἴακχος)는 고대 희랍의 아테네와 엘레우시스에서 거행된 엘레우시스 비의에서 경배된 신이다. 아테네에서 엘레우시스로 향하는 행렬에서 참가자들이 외친 감탄사 '야케!'의 신격화일 수 있다. 디오뉘소스의 다른 이름인 바쿠스와 야코스의 언어적 유사함 때문에 디오뉘소스와 동일시되기도 했다.

64 **에우몰포스가의 사제들** 엘레우시스의 에우몰포스가(家)의 사제들(Εὐμολπίδαι)이 엘레우시스 비의를 주관하였다. 아티쿠스는 이 가문과 교통하였다.

65 **우리 자신이 입문한 비의** 엘레우시스 비의.

66 **부주의로 보았어도 … 무슨 짓을 할까** 기원전 62년에 키케로의 정적 클로디우스(Publius Clodius Pulcher)는 여자들만 참여할 수 있는 보나 데아 여신 의식에 여장하여 침입하였다. 클로디우스가 고발된 법정에서 키케로는 그에게 불리한 진술을 하였으나 결국 클로디우스는 뇌물을 써서 방면되었다. 클로디우스의 위협하에 키케로는 기원전 58년 망명길에 오르기도 했다.

67 **자네는 로마를 위해서 … 빼앗지 말고** 여기서 아티쿠스는 희랍을 대표하고 있다.

68 **바쿠스 축제에 대한 옛 원로원 의결** Senatusconsultum de Bacchanalibus. 기원전 186년 바쿠스 축제에 관한 원로원 의결에서는 이른바 '바쿠스 축제 음모'에 가담한 자들에 대한 형사 절차를 규정했다. 바쿠스 축제를 기화로 벌어지는 범법 행위를 규율하기 위해 집정관들은 비상사문

절차(quaestio extra ordinem)로 상소 규칙의 고려 없이 도시 로마의 벽 밖에서도 절차를 진행할 수 있었다.

69 **테바이의 디아곤다스** 또는 파곤다스(Pagondas). 사본에는 디아곤다스로 되어 있다. 이 인물이 활동한 지역인 테바이에서 흔한 이름은 파곤다스인데, 여기서는 사본을 따랐다. 여기 외에는 이 인물이 입법자로 등장하지 않는다.

70 **그분** 소크라테스.

71 **그는 공법률이 … 없다고 보았지** 플라톤, 『국가』, 424c.

72 **리비우스** 리비우스 안드로니쿠스(Livius Andronicus, 기원전 284년경~기원전 204년경). 로마의 가장 오래된 시인. 희극, 비극, 찬가, 번역, 번안 작품들이 있다. 본문에서는 그의 음악 방식을 언급한다.

73 **나이비우스** 그나이우스 나이비우스(Gnaeus Naevius, 기원전 270년경~기원전 200년경). 희극, 비극, 사극, 제1차 카르타고 전쟁을 다룬 서사시의 작품들이 있다. 본문에서는 그의 음악 방식을 언급한다.

74 **티모테오스** 기원전 446년~기원전 357년. 시인, 음악가, 연주자였던 밀레토스의 티모테오스는 새로운 음악의 형식을 추구하여 보통의 리라에 현을 추가해 사용하였는데, 이는 희랍인들, 특히 스파르타인들의 반감을 샀다.

75 **신이 어떤 심성일지 … 플라톤의 말을 들어야 하네** 플라톤 『법률론』716e 참조.

76 **리켄티아** 방종의 신. 키케로의 정적들은 키케로가 망명하자 그의 집을 불태웠고 정적이었던 클로디우스는 그 자리에 이 신의 신전을 세웠다.

77 **도시의 그 수호여신** 미네르바 여신.

78 **그녀를 우리 집에서 … 아버지의 집으로 모셔갔지** 키케로는 망명 시 자기의 미네르바 여신상을 카피톨리누스 언덕의 유피테르 신전으로 옮겼다.

79 **이 범죄들의 수괴였고 … 박탈당했네** 기원전 52년에 아피아 가도에서 있었던 키케로 측과 정적 간의 무력 충돌에서 키케로의 숙적 클로디우스는 살해되었고 그의 지지자 밀로는 유죄판결을 받았다. 본문에서는

그들을 종교의 법 위반자들로 보고 있다.

80 **가정의 화덕처럼 … 봉헌물이어야 합니다** 플라톤, 『법률』 955e~956b. (『플라톤의 법률 2』, 김남두 외 옮김, 나남, 360~361쪽 참조.)

81 **두 분 다 제관들에다가 법 전문가들이지** 푸블리우스 무키우스 스카이볼라는 기원전 133년에 집정관이었고, 그의 아들 퀸투스 무키우스 스카이볼라는 별칭이 대제관이었으며, 기원전 95년에 집정관이었고 키케로의 스승과는 동명이인이다.

82 **벽** Paries. 벽이 법적으로 주로 문제되는 경우는, 벽이 이웃인 두 건물 소유자의 공유일 때이다(paries communis). 로마에서는 인접한 두 건물을 나누는 벽이 공유인 경우가 흔했다. 우연의 공유(communio)에 관한 법리에 따라 규율되었다. 즉 두 이웃이 벽의 지분에 따라 소유권을 가졌다.

83 **그의 죽음이나 … 취득하는 자** 유증을 받는 수유자.

84 **사용취득** Usucapio. 법으로 정한 일정 기간 이상 타인 소유의 물건을 점유(possessio)함으로써 그 물건의 소유권을 취득하는 것. 1권 55절 '사용취득' 주석 참조.

85 **유증** Legatum. 유언자의 의사에 따라 상속인이 아닌 자에게 부여되는 '상속재산으로부터의 공제(控除)'이다. 『학설휘찬(*Digesta*)』 30권 116항의 서항(principium) 참고. 유증으로 유산의 일부가 지분, 즉 지분적 유증(partitio legata), 또는 일정 금액 또는 하나 또는 그 이상의 개별물(res singulae)이 남겨진다. 유증은 유언을 통해서만 가능한데, 유증 지급 의무를 부담하는 자는 상속인이기 때문에, 유언장의 '상속인 지정' 부분 다음에 유증 처분이 이루어져야 했고 상속인 지정에 선행하는 유증 처분은 무효였다.

86 **솔가권(率家權)** Patria potestas. 가(부)장권. 공화정기 로마 가부장이 자신의 가족 구성원들에게 가졌던 포괄적 권한. 가부장은 신생아도 유기할 수 있었을 뿐만 아니라 성년 가족 성원에 대한 생사까지 여탈하였다. 제정기에 가부장의 권력은 억제되지만 공식적인 폐지는 없었다.

87 **동형(銅衡)** per aes et libram. '청동과 저울에 의한'이라는 의미이다. 고대로부터 내려오는 악취(握取) 행위, 구속 행위, 유언, 공매식 혼인, 변제 등 법률 행위가 청동과 저울 그리고 엄격한 요식의 언명을 통하여 이루어졌다. 토지, 건물, 노예, 가축 등 경제적으로 중요한 물건(악취물, res mancipi)의 소유권 이전 절차인 악취 행위(manicipatio)의 경우, 양수인은 로마 시민으로 구성된 5인의 증인과 저울잡이(libripens)의 면전에서 "이 노예(또는 이 물건)는 퀴리테스법(로마 시민법)상 나의 것이라 선언하며, 그가 나에 의해 이 청동 조각과 청동 저울로 매수될지어다(hunc ego hominem ex iure Quiritium meum esse aio isque mihi emptus esto hoc aere aeneaque libra)"라고 말해야 한다. 이에 대해 양도인은 다투지 않고, 그럼으로써 노예 또는 물건은 확정적으로 양수인의 소유가 된다. 이러한 동형 절차는 시간이 지나면서 사용하지 않게 되었다.

88 **실질적으로 상속재산은 … 되기 때문이지** 제관들은 재산은 취득하면서 제사의 의무를 부담하지 않으려는 잠탈의 시도를 단속하려 하였다. 여기에서는 잠탈의 대표적 사례로서 증여, 제3자 거래, 동형(銅衡) 매매 등을 검토하고 있다.

89 **대제관(大祭官)** Pontifex maximus. "신사(神事)와 인사(人事)에 대한 심판자 내지 중재자로 인정되었다"(섹스투스 폼페이우스 페스투스, 『용어들의 의미에 관하여』, Edidit Aemilius Thewrewk de Ponor. Pars 1, 1889, p. 127). 종신으로 임명되었고 해임될 수 없었다. 모든 중요한 소송에서 제관직을 수행하였고, 다른 제관들(pontifices)은 통상 그의 자문단을 구성하였다. 제관과 베스타 제녀(Vestales) 등 다른 성직자에 대하여 징벌권을 가졌다. 이 직은 오랫동안 귀족의 특권이었는데, 최초의 평민 대제관은 기원전 253년에 임명된 티베리우스 코룬카니우스(Tiberius Coruncanius)였다. 원수정하에서는 황제가 대제관직을 겸하였다.

90 **세스테르티우스** Sestertius. 로마의 화폐 단위.

91 **아키우스** Lucius Accius. 기원전 170년경~기원전 90년경. 로마의 비극 시인으로, 호라티우스의 『서한집』 2권 1장 56행이나 키케로의 『플

란키우스를 위하여』 24장 등에 따르면 당시 큰 명성을 누렸다. 키케로는 『브루투스』에서 그와 문학에 대해 담론한 것을 보고한다. 희랍 비극을 옮겼고(fabulae crepidatae), 트로이아 전쟁, 펠롭스 신화를 다루었다. 소포클레스 『아약스』의 영향하에 트로이아 전쟁을 소재로 『무기의 재판(Armorum Iudicium)』를 지었다. 무엇보다 칼리굴라의 모토로 알려진 "무서워하는 한 싫어해라(Oderint dum metuant)"의 원작자로 알려져 있다.

92 **죽음에서 파생되어 그렇게 불리는 데니칼레스** 데니칼레스(denicales)는 로마에서 죽은 영혼을 위로하는 위령절로, '죽음'이라는 뜻의 '넥스(nex)'라는 말에서 유래하였다.

93 **크세노폰의 책에서 퀴로스가 이용한 것** 크세노폰, 『퀴로파이디아』(『키로파에디아: 키루스의 교육』, 이은종 역, 주영사, 2012) 8권 7장 25절 참조.

94 **폰스** Fons. 샘의 신이다.

95 **죽은 사람은 … 화장하지도 말라** 제10표의 1. 최병조, 「십이표법(대역)」, 172쪽.

96 **푸블리콜라** 포플리콜라(푸블리콜라)라는 별명을 가진 푸블리우스 발레리우스. '포플리콜라'는 '국민에 복무하는 자'라는 의미이다. 『몸젠의 로마사』 한글 번역(『몸젠의 로마사 2』, 김남우 · 김동훈 · 성중모 옮김, 푸른역사, 2014)에서는 그 별명을 '보민자(保民者)'로 옮겼다.

97 **투베르투스** 푸블리우스 포스투미우스 투베르투스는 기원전 505년과 기원전 503년에 귀족 가문인 포스투미우스 가문에서 최초로 집정관을 역임한 사람이다. 로마 원로원은 그를 제1차 평민 철수(secessio plebis)에서 평민 측에 사절단으로 파견하였는데, 협상에서 큰 활약을 하였다.

98 **가이우스 파브리키우스** 가이우스 파브리키우스 루스키누스는 후에 고대 로마의 덕을 대표하는 모범적인 인물로 여겨졌다. 특히 퓌로스와의 대결에서 보여준 행동(『의무론』 3권 86절)이나 피호민이었던 삼니움족의 전리품을 포기하고 반환한 사실 등이 유명하다. 아우구스투스 치세에 그를 기리는 입상이 로마 포룸에 세워졌다.

99 **콜리누스 성문** Porta Collina. 이 성문이 이 이름으로 불린 이유는 그 위

치가 퀴리누스의 언덕(collis Quirinalis) 위에 있었기 때문이다. 리비우스의 『로마사』 2권 11장 7행, 11장 9행, 64장 3행과 3권 51장 10행, 그리고 디오뉘시오스의 『로마사』 2권 67절과 4권 24절, 68절 참고.

100 **호노스** Honos. 로마에서 명예의 신.

101 **이것 이상은 … 다듬지 말라** 12표법 중 제10표의 2. 최병조, 「십이표법(대역)」, 172쪽.

102 **여자들은 뺨을 할퀴지 말라** 얼굴에 상처를 내는 행위의 원래 취지는 망자에게 피를 바치기 위함이다.

103 **섹스투스 아일리우스** 기원전 198년에 집정관을 역임한 섹스투스 아일리우스 파이투스(Sextus Aelius Paetus)는 저명한 법률가이다. 엔니우스는 그를 '명민한 자(catus)'라 불렀다.

104 **루키우스 아킬리우스** 12표법 해석자이다. 『라일리우스 우정론』(김남우 옮김, 아카넷, 2022) 6절에서 키케로는 이 사람도 '현자(sapiens)'라는 별명을 가졌다고 알려주고 있다.

105 **루키우스 아일리우스** 루키우스 아일리우스 스틸로. 『투스쿨룸 대화』(김남우 옮김, 아카넷, 2021) 2권 55절 "이는 분명 '호곡(號哭)'을 가리키는 것인데, 십이표법에서 장례절차와 관련하여 금하였던 것입니다"에서도 키케로는 '레수스(lessus)'를 호곡으로 보는 스틸로의 견해를 취한다.

106 **솔론의 법률이 바로 그것을 금지하기 때문이지** 플루타르코스, 『비교 열전』, 「솔론」 21절.

107 **후에 장례를 … 뼈를 모으지 말라** 12표법 중 제10표의 5a. 최병조, 「십이표법(대역)」, 172쪽.

108 **사치스러운 헌주 … 향로 같은 것 말이지** 12표법 중 제10표의 6a. 최병조, 「십이표법(대역)」, 172쪽.

109 **덕에 기하여 수여되는 화관이 … 법률이 정하므로** 12표법 중 제10표의 7. 최병조, 「십이표법(대역)」, 172쪽.

110 **금으로 치아를 … 탈법은 아닐지어다** 12표법 중 제10표의 8. 최병조,

「십이표법(대역)」, 172쪽.

111 **화장묘** 장작을 쌓고 시신을 태우는 곳인데, 그곳 또는 그 옆에 시신이 매장된다.

112 **타인의 집에서 60보 … 화장묘를 설치하는 것** 12표법 중 제10표의 9. 최병조, 「십이표법(대역)」, 172쪽.

113 **포룸이나 화장묘의 사용취득을 금지하는 것** 12표법 중 제10표의 10. 최병조, 「십이표법(대역)」, 172쪽.

114 **선도리(先導吏)** Lictores. 에트루리아에서 기원하는 로마의 관행 중 하나. 로마 왕정기에 왕은 공식 행차에 신민에 대한 생사여탈권을 상징하는 도끼가 튀어나온 나무 막대기 묶음(권속權束, fasces)을 든 12인의 선도리를 앞세웠다. 공화정에서는 정무관들이, 즉 집정관은 12인, 독재관은 24인, 법정관은 로마에서는 2인, 속주에서는 6인의 선도리를 두었다. 선도리는 공공장소에서 정무관을 수행하고, 앞에서 행진하고, 현장의 질서를 유지하는데, 민회의 소집, 정무관의 면전으로의 개인 소환, 관할 정무관의 명령에 따른 범죄자의 체포 등과 같은 하급 공무도 수행하였고, 사형 집행도 도왔다. 이 직책은 제정에서도 계속되었다.

115 **대중 집회** Contio. 로마의 민회에서 의견 개진은 할 수 없었고 다만 투표만 할 수 있었다. 그리하여 민회 투표 전 투표의 주제에 관한 연설과 지지와 성원의 부탁은 이 집회에서 이루어졌다.

116 **사치와 애도를 제거** 망령들에 대한 장례의식에 해당하는 내용이다.

117 **케크롭스** 아테네의 초대 왕으로 아테네 인민에게 각종 문화를 전수해 주었다고 전해진다.

118 **법전 편찬 10인관** Decemviri legibus scribundis. 기원전 451년 로마에서 법전 편찬 목적으로 이 이름의 10인 위원회가 구성되었다. 2년간의 편찬 작업 중에 모든 정무관의 입법 활동은 중지되었고, 법전 편찬 10인관에게 집정관의 명령권이 있었다. 이들 작업의 결과가 12표법(lex Duodecim tabularum)이다.

119 **여자들은 뺨을 … 호곡을 하지 말라** 12표법 제10표의 9. 최병조, 「십이
표법(대역)」, 172쪽.

120 **케라미코스** 아테네 성벽 주변에 있던 유명 인사들의 공동묘지.

121 **피타코스** 희랍 레스보스 뮈틸레네의 정치가이자 입법자. 탈레스, 비
아스, 솔론, 클레오브로스, 퀼론, 페리안드로스와 함께 7현인 중 한
명이다.

122 **그는 각 가문의 … 5미나까지로 제한하네** 플라톤, 『법률』(『플라톤의 법
률 2』, 김남두 외 옮김, 나남, 368쪽) 959d. "가장 높은 재산 등급에 속
한 사람의 경우에는 장례 전체에 지출되는 돈이 5므나를, 둘째 등급
에 속한 사람은 3므나를, 셋째 등급에 속한 사람은 2므나를, 넷째 등
급에 속한 사람은 1므나를 넘지 않는 것이 지출의 적정선일 겁니다."

3권

1 **앞에서 했던 것처럼** 1권 15절 참조.

2 **우리 친구들** 에피쿠로스학파 사람들을 말한다.

3 **확실한 증거** 플라톤을 가리킨다.

4 **최고 법률** Suprema lex. 『법률론』 3권 8절 "그들[집정관]에게 인민의 안
녕이 최고의 법률이 되게 하라(ollis salus populi suprema lex esto)." 『법률
론』 1권 19절 "최상의 법률(lex summa)" 참조.

5 **정무관에게 반항하는 이들로부터 티탄족이 나왔다고 정했네** 플라톤 『법률』
3권 701b~701c 참조.

6 **정무관법의 법문들** 3권의 6절부터 11절까지는 키케로가 정무관법의 법
문들을 제시한 것이다. 이에 대한 해설은 12절부터 시작된다.

7 **벌령권(罰令權)** Imperium. 고권(高權), 대권(大權), 군사 명령권, 최고 명
령권, 지휘권, 통솔권, 통치권. 원래 군사적 전투 명령권을 뜻했다. 이
명령권은 퀴리스인(로마인의 종족적 기원) 연맹의 옛 입법 형식을 통
하여 제정된 '벌령권에 관한 쿠리아법(lex curiata de imperio)'에 의해 전

투 수행을 위하여 선출된 장군에게 부여되었다. 이때 신의 평화(pax deum)에 대한 책임을 지는 조점관은 전투 명령은 내릴 수 없었고 무장한 군대를 한 번이라도 보아서는 안 되었다. 즉 이 법에서 전쟁의 영역(militiae)과 평화의 영역(domi)은 철저하게 분리되어 있었다. 그리하여 중심 거주 지구이자 의식에 따라 경계가 확정된 평화 구역 내, 즉 시벽(pomerium)으로 둘러싸인 도시(urbs) 안(이 안에서는 재판이 실행되었다)에서 전투 명령은 철저히 금지되었다. 카이사르는 루비콘강을 무장한 채 건너면서 이 대원칙을 유린한 바 있다.

8 **항소권** Provocatio. 동사는 'provocare(상소하다)'. 공화정의 형사 재판에서 정무관에 의해 유죄 판결을 받은 시민의 민회에 대한 상소(provocatio ad populum, a magistratu, adversus magistratum). 사형에 대한 상소는 켄투리아 민회가, 벌금에 대한 상소는 트리부스 민회가 관할하였다. 상소에 관한 발레리우스 법(lex Valeria de provocatione), 발레리우스 호라티우스 법(lex Valeria Horatia), 두일리우스 법(lex Duilia), 포르키우스 법(lex Porcia), 셈프로니우스 법(lex Sempronia) 등 몇몇 공화정 법률들이 상소의 절차를 규율했다. 독재관의 결정, 10인 심판관(Decemviri)의 판결, 형사 상설사문소(quaestiones) 판결에는 상소할 수 없었다. 제국 시기 상소는 황제가 관할하였다(provocatio ad imperatorem, ad Caesarem).

9 **전시에는** 'militiae'는 '평화 시에(domi)'와 대비되는 개념이다.

10 **군 지휘관** 여러 군 지휘관 중에서 '트리부누스(tribunus)'라는 호칭을 갖는 직책이다.

11 **계속(繫屬)** 어떤 사건이 재판 진행 중인 상태.

12 **호구감찰관** Censores. 감찰관, 호구총감. 비상임의 행정관으로 기원전 443년에 창설되었다. 호구감찰관은 5년(lustrum)에 한번 선출되었고, 임기는 18개월이었다. 그리하여 3년 6개월 동안은 호구감찰관이 없고, 그 기간 동안은 그들의 직무가 정무관, 주로 집정관에게 이전되었다. 호구감찰관은 벌령권은 없었지만 그들의 권위는 매우 컸기 때문에 전직 집정관들이 호구감찰관직을 맡으려고 경쟁하기도 했다. 호구감찰관

직은 다음 임기까지 5년 동안 유효하였다. 그들의 가장 주된 업무는 호구조사(census)의 준비와 원로원 의원 명부 작성(lectio senatus)이었다.

13 **선봉에서 가고 … 불리게 할지어다** 각각의 역할에서 직책의 이름이 유래하였다. '선봉에서 가는(prae-ire)'에서 '선봉관(선봉대장, praetores)'이, '재판하는(iudicere)'에서 '재판관(iudices)'이, '보호하는(consulere)'에서 '보호관(consules)'이 나왔다.

14 **공무담임연령제한법** Lex annalis. 기원전 180년에 제정된 빌리우스 법(lex Villia)을 말한다. 로마 정무관직 취임의 최소 연령을 규정하였다. 집정관은 43세, 법정관은 40세, 고등안찰관은 37세. 전후 관직 사이의 간격은 2년으로 정하였다.

15 **원로원이 의결하면 한 사람이 … 권리를 갖게 할지어다** 독재관(Dictator)은 공화정하에서 내란 내지 외적에 의한 위기 시에 임명되는 특별 정무관이다. 최장 6개월의 임기로 집정관 중 1인이 임명하였다. 만약 위기가 초기에 종결된다면, 독재관은 사임해야 했다. 무제한의 입법, 행정, 사법 권한을 보유했으며, 호민관의 거부권 행사로도 저지되지 않았다. 최후의 합법적 독재관직은 기원전 3세기 후반에 있었고, 그 후 특별법에 의한 술라(기원전 82년)와 카이사르(기원전 49년)의 독재관직은 통상적인 사례는 아니었다.

16 **국민 통령** Magister populi. 공화정하 군사령관으로서 독재관의 별칭이다.

17 **기병 사령관** Magister equitum. 그를 임명한 독재관의 보좌관이었다. 독재관의 부재 시 최고 명령권을 가졌다.

18 **개입거부권** Intercessio. 개입권. 공법상 상급 정무관이 동급 또는 하급의 정무관의 행위나 결정에 대하여 가지는 거부권. 이 거부권이 행사되면 동급 또는 하급 정무관의 공무 집행은 금지되었다. 가장 중요한 개입권 행사는 동료 호민관 내지 다른 정무관에 대한 호민관의 거부권이었다. 호민관은 민회나 원로원에서 정무관이 제안한 법률안을 거부함으로써 입법 활동도 민회에서 이루어진 동의(動議)도 마비시킬 수 있었다. 호민관의 개입은 정무관의 권한 남용으로부터 평민의 이익을

보호하려는 목적으로 도입되었으나, 실제로는 호민관의 개인적 목적을 위한 중요한 정치적 무기가 되었다. 독재관의 행위에 대해서는 개입권 행사가 허용되지 않았다.

19 **지성불가침(至聖不可侵)의 상태** Sacrosanctus. '지성불가침한' 또는 '지성불가침한 자'. 호민관의 인격의 불가침성 내지 신성함을 가리킨다.

20 **조점 수행권** Ius auspiciorum. 조점 수행권 또는 징조 관찰 명령권은 고위 정무관의 전권으로 종종 다른 정무관이 제안한 정책을 좌절시키기 위해 악용되었다.

21 **국민** 여기서 '국민'은 '민회'를 의미한다.

22 **아까 그 책** 키케로의 『국가론』.

23 **디오게네스** 디온으로 보기도 하지만, 전승으로 추정컨대 디온은 정치 철학을 연구한 적이 없다.

24 **이 학파** 아카데미아학파.

25 **에포로스** Ἔφορος. 스파르타에서 왕의 통치를 감독하고 견제하도록 한 국정 감독관.

26 앞의 6절에서 9절까지의 법문들에 대한 설명이 빠져 있다. 「단편1」의 위치를 여기로 비정하는 견해가 있다.

27 18절부터 47절까지는 앞서 제시한 정무관법의 법문들에 대한 해설이다. 해설 앞에 원기호로 매겨진 숫자들은 어떤 조문에 해당하는지를 표시한 것이다.

28 **그 직이 저에게는 … 보이기 때문입니다** 호민관직은 비정규적 지위 때문에 비판이 항상 있어 왔다. 특히 정무관직(magistratus)을 기반으로 하는 로마 공화정의 옛 가치를 숭상하는 키케로의 입장은 더욱 비판적이다.

29 **완연히 기형인 아이** 호민관을 이와 같이 비유한 것이다.

30 **완연히 기형인 아이가 … 살해되었던 것처럼** 12표법 제4표의 1에 있던 것으로 추정된다. 법문은 『법률론』의 이 구절로써 재구된다.

31 **짧은 시간 후 … 다시 태어났는데** 기원전 450년과 기원전 449년 사이에 법전 편찬 10인관이 해체되고 나서 여타 정규 정무관직과 더불어 호

민관직이 다시 설치되었던 사실을 가리킨다.

32 **아버지들** 원로원 의원들.

33 **그가 지도층의 … 나라는 평온치 못했습니다** 호민관이 민중을 위한 것이라면서 지도층인 귀족들에게 타격을 가했지만, 그것이 민중의 삶을 평온하게 해 준 것은 아니라는 의미이다.

34 **가이우스 그라쿠스는 … 바꿔버리지 않았습니까** 키케로의 『국가론』 1권 31절 참조.

35 **개입권을 행사했다가 … 숙청된 바로 그자** 티베리우스 그라쿠스의 조치에 개입하여 거부한 자는 호민관 옥타비우스이다. 그라쿠스에 의한 옥타비우스는 제거는 절차상 문제가 있었다.

36 **해악** 클로디우스를 가리킨다.

37 **민회의 권력에 의한 제한** 시민은 자신에게 내린 정무관의 처벌 판결에 불복하면 민회에 상소를 제기할 수 있다. 이때 시민의 상소 이유가 타당하면 정무관의 판결이 민회에 의해 무효화된다. 그렇게 민회, 즉 국민에 의해 정무관의 형벌권 발동이 제한된다.

38 **재판관** Iudex. 심판인. 본래 사법권의 행사자(qui ius dicit)를 의미하였다. 2단계 민사소송에서 심판인 선정은 '심판(ius dicere)'으로부터 분리되었으며, 이 심판인들은 사인(私人) 심판인이었다. 그는 정무관도 아니었고 정무관에 예속하지도 않았다. 다만 방식서에 기재된 정무관의 지시에 따라야 했다. 듣지 못하는 사람(surdi), 말 못하는 사람(muti), 정신이상자(furiosi), 미성숙자(impuberes), 여자 등은 심판인이 될 수 없었다. 원로원에서 파면된 원로원 의원도 심판인 자격에서 배제되었다. 그런데 부권에 복속하는 아들에게는 그러한 제한이 없었다. 법정에서 심판 중인 심판인(cum de re cognoscat)은 그 채권자가 법정 소환(in ius vocatio)할 수 없었다.

39 **그 책** 키케로의 『국가론』.

40 **나는 투표가 … 자유로워야 한다고 명하네** 이하에서 벌어지는 자유로운 비밀 투표의 허부(許否)는 투표 제도의 본질에 관한 논의이다.

41 **가비니우스 법** Lex Gabinia tabellaria. 투표패에 관한 가비니우스 법. 기원전 139년에 제정되었다. 민회에서의 정무관 선거 시 비밀 투표를 도입하였다.

42 **카시우스 법** Lex Cassia tabellaria. 투표패에 관한 카시우스 법. 기원전 137년에 제정되었다. 대역죄를 제외하고 민회에서 처리하는 사법문제를 위한 비밀 투표를 규정하였다. 대역죄의 예외는 기원전 107년 카일리우스법(lex Caelia)에 의하여 폐지되었다.

43 **카르보 법** 달리 알려져 있지 않다.

44 **국자 속의 파도** 이 말이 지금은 '찻잔 속의 태풍'으로 바뀌어 사용되고 있다.

45 **에게해** 로마를 가리킨다.

46 **마르쿠스 키케로** 이 마르쿠스 키케로는 이 책의 저자 키케로의 할아버지이다. 기원전 115년 청원을 통하여 고향 아르피눔시(市)가 투표권을 갖도록 노력하였다. 2권 3절에도 키케로의 할아버지에 대한 언급이 있다.

47 **이 사람** 저자의 할아버지인 마르쿠스 키케로이다.

48 **그 책** 키케로, 『국가론』, 특히 4권 8절.

49 **마리우스 법은 … 다리를 좁게 만들었지** 마리우스 법은 후보자가 투표자에게 접근하는 것을 물리적으로 어렵게 하였다.

50 **투표패** Tabella.

51 **자유의 수호자** Vindex libertatis.

52 본문에는 법문 ㉓에 해당하는 설명문이 빠져 있다.

53 **지침** 여기서 말하는 지침들은 원로원 의원들에 대한 지침이다.

54 **집정관 가이우스 클라우디우스가 … 그에 따른 것이지** 그나이우스 파피리우스 카르보는 기원전 92년 호민관이었다. 집정관 가이우스 클라우디우스 풀케르가 원로원에 호민관 카르보의 폭동에 관해 보고했다. 그런데 원로원은 풀케르의 보고를 청취하고도 진압 조치를 강구하지 않았다.

55 **최고 민회** 백인대 민회를 일컫는다.

56 **그중 하나는 … 청구를 금지하지** 12표법 중 제9표의 1과 2. 최병조, 「십

이표법(대역)』, 171쪽.

57 **법률감시관** Νομοφύλακες. 7인으로 구성된 법률 수호 기관. 아테네
에서는 기원전 5세기와 4세기에 활동한 것이 증명되었고, 희랍의 다
른 도시국가들에서도 유사한 관직이 존재했다. 플라톤『법률』6권
754d~755b과 아리스토텔레스『정치학』6권, 1298b와 1323a~b 참조.

단편들

1 **쓸모 있는 것과 … 보호할 수 있겠는가** 3권 17절 결락 부분에 들어갈 수
있겠다.

2 **그늘** 키케로, 『법률론』, 성염 옮김, 한길사, 208쪽 107번 주석에서는 마
크로비우스, 『사투르날리아(*Saturnalia*)』6권 4장 8절에 따라 '움브라쿨라
(umbracula)'를 '학교 교실'로 본다.

3 **모든** 3권 6절부터 14절까지.

작품 안내

이상적인 로마를 회복하기 위하여

『법률론(*De legibus*)』은 기원전 52년경에 대화 형식으로 쓰인 키케로의 법철학, 정치철학 저작이다. 플라톤의 동명 작품[1]에서 영감을 받았다. 키케로는 법이 관습이나 법률 등 인민의 단순한 신념의 산물이 아니라 모든 인간의 타고난 이성에 기초한 자연법에 기초를 두고 있다는 스토아학파의 견해를 이 작품에서도 견

---

1 플라톤 작품의 한국어 번역서는 주로 『법률』이라는 제목으로 번역되었다.(『플라톤의 법률 1, 2』, 김남두 외 옮김, 나남, 2018.) 그래서 이 책에서는 플라톤의 이 작품은 『법률』로 칭하기로 한다. 마찬가지로 플라톤의 또 하나의 작품도 『국가론』 대신 『국가』로 부르기로 한다.

지한다. 로마의 법과 제도가 정당화되어 지배계급의 권력이 유지되는 것을 이상적 목표로 하면서, 엄격하게 보수적인 정신으로 해석된, 오래전부터 내려온 로마의 법체계를 옹호하기 위해 집필한 것으로 보인다.

로마 철학자이자 작가인 마크로비우스가 자신의 책에서 인용한 것을 보면 『법률론』은 원래 다섯 권으로 구성되는 것이었으나, 현존하는 것은 세 권뿐이다. 작품은 키케로, 그의 아우 퀸투스, 그의 친구 아티쿠스 세 사람 사이의 대화로 진행된다. 미완으로 남아 사후에 출판되었다.

플라톤이 그렇게 하였던 것처럼, 키케로도 『국가론』에서 자신이 이론화한 이상 국가에 적용할 수 있는 입법 프로그램의 과업을 『법률론』에서 완수하려 했다. 키케로의 『법률론』은 플라톤의 『법률』과 기술 방식이 닮아 있다. 키케로의 다른 작품들이 경직되어 있는 반면, 이 작품은 플라톤 대화편처럼 솔직하고 파격적인 성격을 갖고 있다. 대화가 매우 직접적이고 현실적이며, 묘사된 풍경도 고전적인 플라톤의 설정을 연상시킨다.

한편 플라톤과 키케로가 말하는 내용에는 차이가 있다. 플라톤이 유토피아적이고 완전한 상태를 상정한다면, 키케로가 묘사하는 것은 매우 현실적이고 실제 상태에 한정을 받는다. 키케로는 로마의 탁월함, 국가의 규범적 질서, 법의 기원을 명확히 하고 있다. 이는 그의 목적이 헬레니즘 모델의 순수한 철학적 사색을 극복하고 보편적 이론에서 출발하여 로마 공화국의 옛 영광을 회복하는 것이고, 이를 위해 따라야 할 구체적인 예를 제공하는 것이기 때문이다. 로마적 실용주의자 키케로는 인간 자신과 영혼의 운명보다는 로마와 로마 사회를 바로잡는 문제에 주의를 돌린다.

플라톤의 『국가』와 『법률』은 내용상 독립적이지만, 키케로의 『법률론』은 『국가론』과 큰 관련이 있다. 『국가론』에서 구성하려 했던 국가를 세우려면 『법률론』의 법률이 필요하다는 점에서 『법률론』은 『국가론』의 보충이다(1권의 15, 20, 27절과 2권의 23절과 3권의 4, 12, 32절을 보라). 『국가론』의 국가는 물론 고대 로마의 이상적인 모습을 상정한다. 『법률론』에서는 2권 19~22절과 3권 6~11절에서 그 이상에 따라 법률들을 제정한다. 키케로도 2권 23절에서 자신이 새로운 입법을 하고 있는 듯하지만 결국 이미 로마 사회에서 효력이 있었던 내용인 것이라고 말하고 있다.

한여름의 법과 법률에 관한 토론

이 책은 로마에서 100킬로미터 정도 떨어진 아르피눔에 있는 키케로의 별장에서 키케로 본인과, 아우 퀸투스 툴리우스 키케로(Quintus Tullius Cicero, 기원전 102년~기원전 43년), 그리고 두 사람의 친구 티투스 폼포니우스 아티쿠스(Titus Pomponius Atticus,

기원전 109년~기원전 32년)가 대화하는 형식으로 이루어져 있다.

퀸투스는 기원전 66년에 안찰관, 기원전 62년에 법정관을 역임하고 전직 법정관으로서 아시아 속주의 총독직을 담당했으며, 카이사르의 휘하에서 브리탄니아와 갈리아 전역(戰役)에 참가하였다. 폼페이우스와 카이사르 사이의 내전에서 처음에는 폼페이우스 편에 섰다가 이후에 카이사르를 지지하였다. 그러나 기원전 43년에 안토니우스 세력에 의해 형, 아들과 함께 참살된다. 퀸투스는 전형적인 로마인으로, 정치적으로 보수적이며 로마의 옛 가치들을 존중한다.

한편 티투스 폼포니우스 아티쿠스는 "아티쿠스(아테네 사람)"라는 별칭에서도 알 수 있듯이 그는 희랍 문화를 수용하고 자기화하는 사람이었다. 정치적으로 불안한 로마를 떠나 희랍의 에우피로스에 별장을 두고 머물렀다. 그는 키케로 형제의 오랜 친구였으며, 그의 누이가 퀸투스의 아내가 되었다. 그는 키케로의 다른 저서 『아카데미아 학파』, 『브루투스』에 등장하며, 『노카토 노년론』과 『라일리우스 우정론』을 헌정받는다. 많은 장면에서 그는 에피쿠로스학파의 일원 또는 지지자로 그 교설을 옹호한다. 에피쿠로스 철학의 영향인지 정치적으로 그리 참여적이지는 않다.

키케로는 1권과 2권의 들머리를 시적으로 구성함으로써 문학적 실력을 발휘하였다. 그리고 이 작품을 대화편으로 구성하였다. 대화는 실제 벌어진 사건으로 묘사된다. 키케로의 출생지이자 고향인 아르피눔에서 어느 한여름날 모여 토론한 것을 기록한 것이 작품이 되었다. 친한 사람들끼리 부담 없이 진행되는 대화에서 유쾌하고 자유롭고 개방적인 분위기가 느껴진다. 견해들이 같지 않은 장면들에서 이러한 분위기는 더 돋보인다.

1권에서 키케로는 법과 법률을 파나이티오스와 포세이도니우스의 스토아학파 자연법론에서 시작한다. 그에 따르면 법은 영원하지만 법률은 일시적이다. 이러한 이유로 법률은 완전하지 않으며 가능한 한 법에 가까워져야 한다고 본다. 그리하여 더 근원적인 법을 철학적으로 정초할 필요가 있다.

법 그리고 정의는 인간에게 필연적이다. 인간 존재 의의 중 하나가 정의 실현이고, 법을 실현하는 것 즉 정의를 구현하는 것이 결국 인간의 자기실현이기도 한 것이다. 키케로의 이러한 자연법적 이해에 따르면 법은 개인의 주관적 관념에 머무는 것이 아니라 인간의 이성에 기반을 둔다. 이러한 이성법적 규준에 따라 우리는 법과 불법을 나눌 수 있다.

키케로가 청년일 때 쓴 작품 『발견론(*De inventione*)』에서는 법을 자연법, 관습법, 법률법 세 가지로 나눈다.[2] 그중 근원은 자연법이고 자연법이 관습법을 거쳐 결국 법률법이 된다.[3] 우리가 현실

---

2 『발견론』, 2권 65절 이하.
3 『발견론』, 2권 160절 이하.

에서 피부로 느낄 수 있는 법 형태는 물론 관습법과 법률법이다. 키케로는 자신의 사상적 기반 위에서 그 두 가지 법 형태의 기원을 자연법에서 구하고 있다. 그런데 키케로는 『국가론』 1권 39절 이하와 3권 33절에서 자연법과 국가의 관계를 밝혀주고 있다.

> 스키피오 왈, 그렇다면 국가는 국민의 것인데, 국민은 어떤 방식으로든 모인 인간들의 집합체가 아니라 법에 대한 합의와 이익의 공유로 결합된 다중의 집합체이다. 그 집합체가 모이는 첫 번째 이유는 나약함이 아니라 인간들의 자연적인 일종의 집회이다. 인간은 독행(獨行)하는 단독 존재가 아니라, 모든 사물이 풍성히 있더라도 [⋯] 하도록, 그리고 자연 자체가 그것(모여 사는 것)으로 요청하는 것이 아니라 강제하도록 그렇게 태어났기 때문이다. − 『국가론』 1권 39절

참된 법이란 바로 자연과 일치하고, 모두에게 부여되어 있고, 항상적이며, 영구한 옳은 이성이다. 의무는 행하라고 명하면서 부르는 것이고 속임수는 금하면서 하지 않도록 하는 것이며, 그렇지만 성실한 자에게는 이유 없이 명하거나 금지하지 않고 불성실한 자에게는 명하거나 금하면서 움직이지 않게 합니다. 이 법은 수정되는 것을 허용하지 않고 어떠한 완화도 가해질 수 없고 더욱이 전부 폐지될 수는 없고 사실상 원로원이나 인민을 통해서도 이 법의 적용에서 우리가 면제받을 수도 없습니다. 또한 법의 설명자요 해석자로서 섹스투스 아일리우스

를 찾아서는 안 되고, 로마와 아테네에서 각각 다른 것이 아니며 지금
도 앞으로도 달라지는 것이 아니라 모든 민족을 모든 시기에 하나의
영구적이고 불변적인 법이 통제할 것이며, 이는 유일하고 보편적이어
서 만인의 스승이요 사령관인 신과 같습니다. 신이야말로 이 법의 발
명자요 고안자요 제안자입니다. 여기에 복종하지 않는 자는 스스로
소멸하고 인간의 본성을 경멸한 자는 바로 그 자체에 의하여 비록 가
해지는 기타의 처벌을 모면한다 할지라도 그 대가를 가장 큰 벌로 치
릅니다. — 『국가론』 3권 33절

2권에서는 종교법을 제시하고 해설한다. 키케로는 로마 옛 시
기의 대표적 입법인 12표법의 양식을 사용하여 종교법을 제시한
다. 종교법은 세속적인 법 이전에 전체 법의 기반이 된다. 키케
로는 자기가 제정하는 이 법률의 전문(前文)에서 종교법 규정들
을 반드시 지켜야 한다고 한다. 그러한 준수가 이성적인 신의 세
계 지배, 인간 공동체의 질서와 안정에도 이바지한다는 것이다.

모두에 키케로는 신들로부터 나온 자연법이 모든 법률들의 기
원이라고 밝힌다. 자연법은 신의 이성이자 인간의 이성으로서
종교적 의무를 다하고 의식 봉행은 최고신의 이성에 대한 봉사
이다. 국가는 종교 없이 결코 설 수 없다. 신적인 것이 모든 곳에
존재한다. 로마와 같이 전면적으로 선서가 실행되는 법 제도에
서 바로 그러하다. 로마 사회에서 종교심은 법의식의 공통 토대

라는 것에 구성원들은 이미 합의하고 있다. 로마에서 사법적으로는 계약 구속력의 동기가, 형법적으로는 범죄를 범하지 않는 동기가 신에 대한 두려움에서 촉발되었다.

이성을 갖는 모든 것들이 이성을 갖지 않는 모든 것들보다 뛰어나므로, 또 모든 것들의 자연보다 뛰어난 어떤 것이 있다고 말하는 것은 부당하므로, 자연 안에 이성이 있다고 해야 하네. 선서에 의해서 얼마나 많은 것들이 확고히 되는지, 종교적 맹세가 얼마나 안녕에 도움이 되는지, 신의 형벌에 대한 두려움이 얼마나 많은 사람들을 악행으로부터 돌려세웠는지, 심판자 또는 증인으로서 불멸의 신들의 입회하에서 시민들 상호 간의 유대가 얼마나 성스러운지를 이해한다면, 그러한 의견들이 유익하다는 것을 누가 부정하겠나? - 『법률론』 2권 16절

3권에서는 다양한 정무관의 직무에 대해 입법하고 법률에 대해 해설한다. 키케로는 여기서 국가 제도에 관한 법을 다룬다. 정무관직, 원로원, 민회 외에도 비정규인 호민관까지 모두 다루고 있다. 이 세속적인 제도들도 종교법의 제도들과 마찬가지로 자연법적이다. 다만 완전히 추상적이고 연역적인 추론만을 하는 것은 아니다. 전통을 중시하는 로마인답게 키케로도 로마 대대로 내려오는 '조상의 관습(mos maiorum)'이라는 법까지 고려하고 있다. 키케로는 로마에서 전래되고 고수해야 할 가치를 보존하

는 '자유로운 로마 공화국(libera res publica Romana)'이라는 국가상을 존중하고 있다. 이렇게 키케로는 로마의 전통과 희랍으로부터 들어온 자연법 사상을 조화시키고 있다.

『법률론』의 사상적 배경과 키케로의 자연법 사상

작품 중에 키케로는 플라톤이 자신의 절대적 전범임을 밝힌다. 『법률론』 2권 45절에서는 플라톤의 『법률』을, 2권 6절에서는 『파이드로스』를, 2권 38절 이하에서는 플라톤의 『국가』를 원용한다.[4] 키케로는 그 자신도 퀸투스 무키우스 스카이볼라의 훈김을 입은 제자로 물론 법학 지식도 상당하다. 12표법 지식[5]은 또한 그가 살던 시대의 공통 교양이었다.

1권에 철학자들이 언급되는바, 주된 철학 사조 내지 키케로가 따르는 철학파는 대체로 스토아학파이다.[6] 크뤼시포스와 같은 구 스토아학파의 인물과 중기 스토아학파의 파나이티오스도 원

---

4 2권 38절: "나는 플라톤에 찬동하여 가창의 다양한 소리만큼 연약하고 부드러운 영혼에 쉬이 침투하는 것은 없다고 생각하기 때문이지."
5 2권 9절: "어렸을 적부터 우리는 '법정에 소환하면'이나 그와 비슷한 다른 것들을 법률들이라고 부르도록 배웠지."; 2권 59절: "지금은 아무도 배우지 않는 12표법을 어린 시절에 반드시 외워야 할 노래로 배웠기 때문이네."
6 Vander Waerdt(1987) 참조.

용되었다.[7] 그리고 아스칼론의 안티오코스는 아카데미아 철학자이지만 구아카데미아, 소요학파, 스토아학파까지 통합하려 했는데, 키케로도 그의 시도를 인정하였다. 그밖에 키케로는 팔레론의 데메트리오스가 "어두운 구석의 격리 상태에"(3권 14절) 있던 보통의 철학자들과 대비시키면서 실천적이고 논쟁적 입장을 취했다고 평가했다.

이들의 논의를 이해하기 위해서는 우선 법과 법률을 구분하여야 한다. '법'은 유럽 문명과 그 뿌리인 로마 문명의 독특한 측면을 보여준다. 로마의 법인 'ius'에 대한 이해는 유럽대륙의 법 이해의 토대를 이룬다. ius는 현대 유럽 각국의 언어에서 Recht(독일), droit(프랑스), diritto(이탈리아), derecho(스페인) 등에 해당하는데, 그 개념의 역사는 현재에도 면면히 지속되고 있다. 로마의 ius는 사회를 규율하는 규범 중 도덕규범이 아닌, 강제력을 동반하는 규범을 의미한다는 점에서 우리가 '법'이라고 부르는 것과 윤곽이 거의 같다. 도덕규범을 위반하면 공동체 구성원들의 비난을 받는 데 그치겠지만, 법규범을 위반하면 제재, 특히 형벌이 부과된다. ius는 동시에 '권리'도 의미한다. 그 점에서 권리라는 의미를 갖지 못하는 우리말의 '법'과는 차이가 크다. 반면 법률은 라틴어로 'lex'이며 Gesetz(독일), loi(프랑스), legge(이탈리아),

---

7 3권 14절: "위대하고도 특히나 박식했던 파나이티오스"

ley(스페인) 등에 해당한다. 현재 우리 체계에서도 입법기관을 통과한 법을 '법률'이라고 하는데, 로마의 lex도 입법기관인 민회를 통과하여 만들어진다. 법 중에서 이렇게 실정적 법이 바로 '법률'인 것이다. 그리하여 라틴어 lex는 '법률'이라고 번역할 수 있다. 법률은 성문법 또는 제정법이라고도 불린다.

로마에 희랍 사절로 방문한 카르네아데스는 반(反)자연법론자로 유명하다. 키케로의 『국가론』 3권에서 등장하는 카르네아데스는 자연법을 부정하고 시민법(ius civile)만이 존재한다고 주장한다. 반면 키케로는 자연법론자로 알려져 있다. 『의무론』에서도 훌륭함과 유익함의 대비를 통해 자연법을 옹호한 바 있다. 『최고 선악론』에서도 키케로는 자기화 이론[8]을 원용하여 자연법의 입장에서 개인들의 이익보다는 공동선을 앞세운다.[9]

더 나아가 그의 저작 『국가론』과 『법률론』에서 자연법이 등장한다. 『법률론』에서 '최상의 법률(lex summa)'(1권 19절)이나 '최고의 법률(suprema lex)'(3권 8절)이라는 표현을 사용하는데,[10] 여기에서 법

---

8 스토아학파의 윤리학에서 말하는 자기화(=오이케이오시스οἰκείωσις)는 인간을 비롯한 생명체가 자신에 대한 신뢰 하에 삶과 성장에서 외부의 세계와 하나가 되는, 다시 말해 그것을 자기 것으로 만드는 과정이다. 이창우, 「스토아 철학에 있어서 자기지각과 자기애」, 『철학사상』 17권(2003), 215쪽.

9 3권 62절 이하.

10 "그들에게 인민의 안녕이 최고의 법률이 되게 하라(ollis salus populi suprema lex esto)."

률(lex)은 물론 민회에서 통과된 실정 법률을 의미하지는 않는다. 오히려 로마의 법수범자들이 언제라도 준수하여야 할 '(법)원리'가 적절하며,[11] 자연법으로 자연스럽게 유도될 수밖에 없다. 물론 키케로의 법사상에 깔려 있는 것은 스토아의 자연법론이다. 다만 『법률론』에서 그러한 자연법론을 본격적으로 다루려고 한 것은 아니다. 그것보다는 로마 공화정 말기 정치적, 사회적인 대혼란상에 직면하여, 옛 가치들을 회복하고 다시 자유로운 로마 공화국을 다시 세운다는 정치적 목적이 주된 동기였다. 물론 자연법에서 실정 법률들이 나오는 것은 아니다. 오히려 기존 로마의 법을 더 확고히 하는 정치적 목적에 자연법이 기여한 것이다.[12]

키케로는 마지막 거친 숨을 몰아쉬던 로마의 공화정에서 끝까지 옛 가치의 소중함을 알리다가, 시대의 거대한 바퀴에 치여 스러진 인물이다. 『법률론』도 당시 지배하던 철학적 조류의 영향하에서 그가 조상들로부터 전래된 법들을 가지고 구성해 보려 한 처절한 분투의 일환이다.[13]

---

11 성중모, 「키케로 『법률론』의 법론과 법개념」, 『법사학연구』 제54호(2016) 참조.
12 철학을 도입하여 연설술의 토대로 삼으려했던 『연설가론(De oratore)』과 대비할 수도 있다.
13 니얼 러드와 토마스 비에데만, 안나 돌가노프 등은 키케로가 의도적으로 『법률론』의 화자로 등장하여 자신을 박식하고 로마 역사에 유능한 인물로 내세운다고 설명한다. Marcus Tullius Cicero, *De legibus I*, edited with introduction and commentary by Niall Rudd & Thomas Wiedemann(Bristol

집필 무렵 로마의 정치적 상황

『법률론』은 기원전 52년~기원전 51년경에 쓰인 대화 형태의 철학적, 정치적 작품 연쇄 중 한 작품이다. 『법률론』의 착상 및 가공 단계는 키케로 저작기의 가장 극적인 기간을 포함하며 공화정의 마지막 세기를 특징짓는 최후의 폭력적인 과도기에 위치한다.

① 기원전 53년

키케로가 작품의 원고를 완성하기 1년 전, 메소포타미아의 카레시(市)에서 파르티아와의 전투 도중 삼두정치의 한 축이었던 집정관 마르쿠스 리키니우스 크라수스가 사망하였다. 따라서 정치권력은 남아 있는 카이사르와 폼페이우스로 집중되었다. 원로원 의원들은 폼페이우스에게 독재관이 되라고 제안하기도 했는데, 이러한 편애는 원로원에 대한 폼페이우스의 결정적 접근을 드러내는 사건이다. 이해 로마는 정적 간의 쟁투 때문에 집정관을 선출할 수 없었다. 54세라는 적지 않은 나이에 조점관이 된 키케로는 위기에 이 직을 맡은 것을 자부하였다. 『법률론』에서도

Classical Press, 1987), p.84 그리고 Anna Dolganov, "Constructing Author And Authority: Generic Discourse In Cicero's De Legibus", *Greece & Rome* 55(2008) 참고.

그는 나라의 보전을 위해 조점관이 중요함을 특히 강조한다.

② 기원전 52년

집정관직에 밀로가, 법정관직에 푸블리우스 클로디우스가 출마하면서 로마의 거리에서는 두 세력 간의 격렬한 충돌이 벌어지게 되었다. 1월, 고질적인 도시 불안은 민중파의 정치 지도자 클로디우스와 벌족파의 정치 지도자 밀로 사이의 무장 충돌로 절정에 이르렀다. 인민대중은 클로디우스의 훼손된 시신을 보고 폭동을 일으켰다. 1월 19일 아침에 그들은 시신을 포룸으로 옮겨 호스틸리우스 의사당(Curia Hostilia) 건물에 보관했다. 여기서 시신이 화장되었는데, 불길이 번져 원로원과 공화국의 상징인 건물 전체를 태워 주변 지역까지 훼손했다. 클로디우스의 죽음에 관한 언급이 『법률론』 2권 42절에 나와 있다.

2월, 극도의 사회적 긴장 상황에서 원로원은 폼페이우스에게 전권을 부여하고 그를 실질적인 독재인, 새로운 직책 '동료 없는 집정관' 자리를 주었다. 폼페이우스는 로마의 내부 질서를 잡기 위하여 원로원의 승인을 받아 이탈리아에 군대를 파견했다. 폼페이우스에게 전권을 부여함으로써 관직의 동료제뿐만 아니라 공화정 국제의 기본 원칙 중 하나인 '도시 범위 내에서 정규 부대의 사용 금지'도 배제했다. 이것이 계기가 되어 결정적으로 로마에 군사적 소요가 만연하게 되었고 장래 내전의 길을 열었다고 볼 수 있다. 폼페이우스는 '폭력과 부정선거에 관한 법률(lex de vie de ambitu)'의 제정을 통해 폭력적인 소요로 오랫동안 혼란에 빠진 질서를 회복하기 시작했다. 그 법률로 밀로가 민중파의 지도자인 클로디우스를 살해한 혐의로 기소되었다.

밀로의 변호는 친구인 키케로에게 위임되었고, 키케로는 망명에서 소환된다. 그런데 키케로의 변론은 민중의 폭동으로 곧잘 이어지는 재판에서 적대적인 분위기 때문에 고전을 면치 못했다. 법정은 38 대 13으로 유죄와 추방을 선고했다. 밀로에 대한 재판은 4월 4일에 시작되고 같은 달 8일에 끝났다. 이때 키케로가 『법률론』 초안 작성을 준비를 하고 있었다는 점은 매우 흥미롭다. 키케로가 이해 여름부터 대화의 구성을 시작했을 것이고, 작품에서 대화가 있었던 여름은 이때의 여름일 수 있다. 작품 작성 시기를 이보다 나중으로 상정하면 작품 안에서 살아 있는 것으로 표현되는 폼페이우스를 설명할 수 없다. 같은 해에 열린 폼페이우스파 티투스 암피우스 발부스(Titus Ampius Balbus)[14] 재판에 대한 보고도 이 생각의 방증이 된다(2권 6절). 그리하여 『법률론』의 구성을 기원전 52년 봄과 기원전 51년 봄 사이에 위치시키는 것이 정설이다.

---

14 기원전 63년 호민관, 기원전 59년 집정관, 기원전 58년~기원전 57년 아시아 속주 총독을 역임했다. 로마 내전 중 폼페이우스 편에 섰지만 후에 카이사르에 의해 사면되었다.

③ 기원전 51년에서 기원전 47년 9월 25일까지

폼페이우스의 속주법(lex Pompeia de provinciis)[15]에 따라 키케로
는 킬리키아의 총독으로 임명되어 로마를 떠나게 되면서 『법률
론』을 미완성 상태로 남겼다. 키케로는 기원전 51년 여름부터 기
원전 50년 여름까지 18개월 동안 킬리키아에 머물면서 내전이
발발하기 전까지 로마 밖에 있었다. 키케로는 이같은 두 번째 망
명을 선뜻 가려 하지 않았고 마지못해 로마를 떠났다고 전해진
다. 키케로는 기원전 50년 11월 5일에 로마로 돌아와서 내전의
소용돌이에 급속히 빨려 들어갔다. 키케로는 카이사르와 폼페이
우스 사이의 내전(기원전 49년~기원전 45년) 동안 폼페이우스의
편에 섰고, 원로원은 폼페이우스를 고발하고 궁극적으로 카이사
르의 부상을 지지하였다. 그러나 키케로는 그가 열망했던 폼페
이우스와 긴밀한 관계를 맺지 못했다. 갈등이 진행되는 동안 그
는 폼페이우스와 벌족파가 정치적, 군사적 차원에서 카이사르와
의 대결 준비가 완전히 되어 있지 않다는 것을 점차 깨달았다.
기원전 48년 카이사르는 파르살루스에서 폼페이우스를 물리쳤

---

15 이 법률은 기원전 52년 상반기에 폼페이우스가 카토의 협력(카토는 그밖에 폼
    페이우스가 단독 집정관이 되도록 밀었고 밀로 재판에서도 도왔다)으로 통과시켰
    다. 속주 개혁의 일환이었던 이 법률로 정무관직과 대리정무관직(속주 총독)
    임기 사이의 간격이 정해졌고, 카토의 이념대로 원로원이 속주 관리의 각종
    임명에 큰 통제권을 갖게 되었다.

다. 승장은 집정관으로 임명되었고, 독재자가 되었다. 갈등이 끝난 후 키케로는 이탈리아로 돌아와 브린디시움에서 카이사르의 사면을 받았다. 그 순간부터 키케로는 점진적으로 정치적 고립에 직면하게 된다. 이때 키케로는 두 언어에 뛰어나며 문화를 아는 데다 인내심이 많은, 기사 계급 친구이자 키케로의 재정 관리자인 폼포니우스 아티쿠스와 긴밀한 유대를 맺게 되었다.

불안 속의 집필

『연설가론』 출판을 마친 키케로는 기원전 55년 전후에 『국가론』 집필을 시작하여 기원전 51년에 공간한 것으로 추정된다. 그렇다면 『법률론』 집필은 이르면 그즈음 시작했을 것이다. 그런데 『법률론』은 키케로의 여타 저작이나 서한에 언급되지 않고 심지어 기원전 44년에 공간된 『예언에 관하여(De divinatione)』에서도 그 제목을 찾을 수 없다. 그러므로 공간은 카이사르 암살 전에는 이루어지지 않았다.

키케로는 『법률론』에서도 푸블리우스 클로디우스에 대한 극심한 적의를 표출한다. 그는 이성이 없이 행동하는 무도한 클로디우스가 신과 인간의 법을 무시하다가 결국 자신의 시체도 적절한 의식에 의한 존중을 전혀 받지 못하는 비참한 최후를 맞이한 것이라고 본다. 클로디우스는 기원전 58년에 호민관이 되었는

데, 그의 악행은 그 이전부터 시작되었다. 여장을 하고 보나 데
아 여신 축전에 침투한 악명 높은 사건이 발생한 것이 바로 기원
전 62년이었다.[16] 즉 키케로의 적대 감정은 『법률론』이 공간된 기
원전 40년대가 끝나가는 시점까지 계속되었던 것이다.

키케로는 기원전 51년 초 킬리키아 속주 경영을 위해 총독으
로 떠났다. 아마도 기원전 53년 말에 『국가론』을 끝내고 『법률론』
의 초고도 작성했을 것이지만, 바로 이 총독직 부임 때문에 공간
을 못 했을 수도 있다. 또는 현재 전해지는 세 권의 작품보다 더
긴 작품을 기획했을 수도 있다. 『법률론』 3권 마지막에 아티쿠스
는 "자네가 말할 것을 기다리고 있네"(49절)라며 최소한 4권이 있
음을 암시하는 듯하다. 마크로비우스도 5권을 언급한다.

기원전 47년 가을에 키케로는 카이사르에게 사면받고 로마에
귀환한다. 그즈음 『법률론』의 저술을 재개했을 것이다.[17] 여하튼
『예언에 관하여』에서 언급되지 않으므로, 최종적인 공간은 기원
전 44년까지도 되지 않았다고 보아야 한다. 그리고 기원전 49년
에서 기원전 46년까지 이어진 폼페이우스와 카이사르 사이에 발

---

16 클로디우스는 사건 당일 로마에 없었다고 주장하였지만, 철천의 정적이었
던 키케로는 『아티쿠스에게 보낸 서한집』 1권 13장 3절에서 당일 클로디우
스가 로마에서 자기와 만났다고 진술하였다.
17 『친지들에게 보낸 서한집』 9권 2장 5절, 키케로는 기원전 46년 4월에 친구
바로(Marcus Terentius Varro)에게 보낸 편지에서 법률에 대해 연구할 것을 다
짐하고 있다.

발한 로마 내전의 상태를 고려해야 한다. 기원전 48년 8월에는 파르살루스에서 폼페이우스가 패퇴했으며, 기원전 46년 4월에 탑수스에서 카이사르가 종국적 승리를 거두었다. 『법률론』에서는 이 내전 중에 사망한 폼페이우스, 카토, 아피우스 클라우디우스 모두 살아 있는 인물로 등장한다. 키케로의 시각에서 좋았던 공화정 세계는 이때 붕괴하게 된다. 그런데 옛날의 좋은 공화정의 덕목들이 『법률론』에서 기려지고 쓰이고 있다. 『법률론』에서 키케로의 입법이 마치 공화정적 옛 가치들의 실현으로 보이기도한다. 즉 그는 개변된 상황에 대해 인식은 하였지만, 여전히 1권에서 전제한 법률의 철학적 이상과 2권에서 제정한 제사법에 일관되게 3권에서도 옛 모습의 공화정의 원로원과 정무관직을 전제하고 논의를 편다.

클로디우스는 호민관이 되어 키케로를 타격할 계획을 세웠다. 그는 카이사르의 도움으로 평민 가문에 입양되어 평민 신분만이 될 수 있었던 호민관에 선출되어 기원전 59년 12월 10일에 취임한다. 그리고 그는 기원전 58년 1월 말에 적법한 절차 없이 로마시민을 살해한 자는 몰수 추방한다는 법률안을 제출한다. 알려진 대로 기원전 63년에 키케로는 집정관으로서 원로원이 선포한비상사태에 기하여 음모를 꾸민 카틸리나와 그의 도당을 격파하고 몇몇은 처형하였다. 다만 적법한 절차를 거치지 않았기 때문에 키케로의 동지들은 호민관 클로디우스의 법률안이 평민회에

서 결의되기 전에 키케로에게 로마를 떠나라고 촉구했다. 기원
전 58년 3월 중순에 키케로는 결국 망명길에 오르고 클로디우스
는 키케로가 결석한 상태에서 추방의 평민회 결의를 공포하고,
그 결의에서 키케로의 전 재산을 몰수하고 이탈리아반도로부터
750킬로미터 이상 떨어진 곳에 머물도록 결정하였다. 키케로는
1년 반 정도 무력감과 우울함에 시달리다 기원전 57년 8월 4일
에 귀환 법률이 통과되어 로마로 돌아갈 수 있게 되었다. 브린디
시움에 마중 나온 동지들과 주민들은 큰 환영을 해 주었다.[18] 같
은 해 9월 5일에 비로소 로마에 재입성한 키케로가 이 상황에서
『법률론』을 집필하였다면 약간은 안도하되 아직 불안한 정치적
상황에서 완전히 벗어나지 못한 때일 것이다. 특히 카이사르와
폼페이우스와의 충돌이 그에게 큰 충격을 주었다.

바로 지금 『법률론』을 읽는다는 것

필자의 부친은 서당 글공부도 하였다. 『맹자』까지 진도를 나가
지 못한 채 전쟁을 맞았다고 한다. 그런데 조선 시기부터의 전통
이지만 주종은 역시 유학 경전이고 역사 학습은 부수에 불과했
다. 그도 『통감』을 좀 읽었을 뿐이라고 한다. 『법률론』 번역에 즈

18 『아티쿠스에게 보낸 서한집』 4권 1장 4절 이하.

음하여 다시금 고전의, 특히 역사 고전의 유용성을 생각해 본다.

하나의 문제 해결을 위해서 여러 주장이 난무하는 경우가 많다. 논리에 토대를 두는 한, 각 논변은 일리가 있다. 다만 하나만 알고 둘은 모르는 상태를 벗어나려면 고전에 조회할 수밖에 없다. 면장을 위하여 현재의 우리와 다르지 않은 고민을 가졌던 옛 사람들의 해결책을 배우는 것이다. 핏줄인 선조에 국한할 필요도 없다. 사람이 사는 모든 곳에서 좋은 사회를 이루려는 노력만큼이나 쳇바퀴 돌 듯 어리석은 짓도 반복되고 있는데, 인류의 역사에서 어떤 문제가 회귀한다면 그 문제가 발생한 사회도 유사하기 때문이다. 우리가 로마 사회에서 뭔가 배우려 하는 이유는 당시에도 민주가, 법치가, 선동이 있었기 때문이다. 특히 로마 공화정 말기는 우리에게도 현실이 되어버린 정쟁, 쿠데타, 내전으로 점철되어 있었다. 내전이라는 용어 자체가 카이사르도 썼던 라틴어 용어 'bellum civile'에서 유래하지 않는가?

『법률론』은 두 세기 전 키케로라는 로마의 사상가이자 저술가가 로마에 들어맞는 정부 형태를 법이라는 주제로 고민한 결과이다. 그 결론은 한 마디로 법치가 성(聖)·속(俗) 양 영역에서 관철되어야 한다는 것이다. 다른 문명권의 오랫동안 존속했던 나라들은 유서가 깊다 해도 법치는 없었다. 반면 로마는 『법률론』이 있기 전 몇백 년 동안 법치를 발전시켰다. 기원전 449년 반포된 12표법을 상기하라! 물론 현실 로마 사회에서 이상적인 형태의 법치가 언제나 지배했다는 말은 아니다. 그러나 로마인들이 전 세계 어디서도 유례를 보기 힘들 정도의 법치적 토대를 구축하고 살았던 점은 부인하기 어렵다. 그런데 키케로는『법률론』에서 당시 로마에서 벌어진 살육의 도가니와 법치의 붕괴를 한탄하고 자신을 비롯한 로마 사회의 애국 시민들, 즉 'boni'에게 법치 재건에 나설 것을 열렬히 촉구하고 있다. 그러나 그의 헌신은 로마에 상존했던 반동 세력을 이기지 못했고, 그는 제물이 되어 순절(殉節)하였다. 그 후에도 그의 뜻은 꽃피지 못하고 로마는 황제의 통치하에 들어간다.

키케로는 우선 종교법부터 신경 썼다. 공화정 로마는 종교가 모든 생활 영역에 본질적 구성 부분이었기 때문이다. 로마의 정치부터 그러했고 제관(祭官)들은 기본적으로 관리(官吏)였다. 물론 사적 영역에서도 종교는 불가결했다. 그러나 세속적 관념에도 능란했던 키케로는 성스러운 측면만으로는 한 나라가 옳은 길을 갈 수 없다고 보았다. 그리하여 속세의 정치, 행정, 사법 등 우리가 보통 국정이라고 말하는 영역도 중시했다. 물론 로마에서 사제들이 동시에 관리였듯 성·속 두 영역이 분리된 것이 아니었다. 현실 로마에서도 언제나 존망을 같이 했고 키케로도 그 둘이 다 갖추어져야 이상적 국가가 가능하다고 보았다.

그런데 중요한 것은 키케로가 법을 성·속 두 영역을 결합시키는 고리로 보았다는 것이다. 그런데 그 고리는 독창적인 것이다. 전통 로마에서 발전되어 온 현실 로마법뿐만 아니라 새로이 이어받은 희랍의 철학적 법사상이 그의 이론적 바탕이 되었기 때문이다. 그래서 그의 법사상은 『국가론』뿐만이 아니라 『법률론』에서도 스토아 자연법론에 심대한 영향을 받고 있음을 즉시 알 수 있다. 다만 그도 수백 년간 법문화를 누려온 로마인이다. 그래서 그의 『법률론』은 희랍적 자연법에 기반을 두고는 있지만 실정적 제도들을 수단으로 하는 로마 현실에서의 실현 방법을 주로 모색하고 있다. 로마 시민으로서 현실주의자가 아닐 수 없다. 그의 법치는 철학적으로 이성을 갖춘 인간은 공동체를 이루어 주어진 임무를 달성하며 살고, 사회에서 살기 위해 이성에 토대를 갖는 자연법을 필요로 한다고 요약될 수 있다. 그러나 『법률론』에서 제시된 조항들은 현실 로마에서 전래되어 온 법치의 이상이 당시 로마의 사회상에 맞추어진 매우 현실적인 것들이었다.

키케로의 관점에서 그라쿠스 형제나, 선동에 능했던 다른 호민관들이나, 키케로에 의해 국적으로 분쇄되었던 세르기우스 카틸리나까지 모두 법을 파괴하는 악당이었고 그의 신랄하고 준엄한 비난을 피할 수 없었다. 그래서인지 키케로는 불구대천의 원수가 된 또 다른 반법치의 화신 안토니우스의 손에 의해 희생되었다.

아, 그런데 구랍(舊臘)부터 우리나라에 벌어진 사건들을 보면서 역사의 의미를 되새기지 않을 수 없었다. 핑크빛으로 희망에 찼던 20세기의 기대들은 세계 도처에서 철저히 배반당하고 있어 2025년은 너무나 우울하다. 각국의 경제적 어려움에서 비롯된 정치의 우경화가 심각한 지경에 이르렀고, 혼란이 지배할 때 독재자가 등장한다는 역사적 사실이 다시 현실이 되고 있다. 민주적이라고 평가받던 나라들에서도 독재의 경향이나 보호주의 정책이 날로 강해지고 있다. 후대에게 더 나쁜 지구를 물려주게 될 가능성이 높아진 것이다. 전염병과 전쟁과 경제적 재앙……. 21세기에도 역사가 그저 반복되고 있는가? 특히 대한민국이 강력한 일격을 당하면서, 멀었던 로마가 심정적으로 너무나 가까이 다가왔다. 2000년간의 역사적 교훈과 그 교훈으로부터의 발전을 무화시키는 듯한 허망한 사건이 이 땅에서 일어난 것이다. 로마에서 법 왜곡과 법 파괴를 일삼는 반도(叛徒)들이 작금의 대한민국에서 환생한 듯하다. 로마 사회의 올바른 기능을 위해 제도로서의 종교를 극히 중시했던 키케로의 통찰이 교회가 큰 영향력을 행사하는 한국 사회의 폐부마저 찌르는 걸 보면 섬찟하기까지 하다.

결국 우리의 국체나 정체를 근본적으로 반성하지 않을 수 없게 되었다. 헌법은 전문의 정신하에 제1조 제1항에서 대한민국은 민주공화국이라고 명시하고 있으며 제2항에서 대한민국의 주권은 국민에게 있다고 장엄히 선포하고 있다. 이 헌법 조문들은 결코 쉽게 만들어진 것이 아니다. 3·1 만세운동, 소급하여 동학

농민전쟁의 힘으로 가능했다. 그 힘은 전후 독재와 1980년대 이후까지 관통하였다. 그런 전진의 추동력이 있다면 언제나 반동도 준동함은 역사의 상사(常事)다. 그러나 이번 반동이 생각보다 더 뿌리 깊고 존재감을 과시한다는 것을 새삼 절감하였다.

한국의 소식에 무덤에서도 돌아누웠을 키케로의 힐난과 책망의 소리가 귓가에 울린다. 별로 나아진 것 없다는 트라우마가 한국인들을 한동안 괴롭힐 것이다. 다만 사람을 지긋이 괴롭힌다는 '철학적 고통'을 많은 이들이 공유하고 치료책을 궁구할 기회를 오히려 얻은 면도 있다. 사회 전역이 이성에 부합하는 법의 통치로 물들게 하라는 키케로의 정신을 되살릴 수 있을까? 『법률론』이 그런 고민의 한 쏘시개로 쓰이길!

참고 문헌

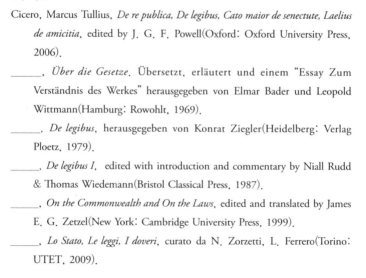

1차 자료

Cicero, Marcus Tullius, *De re publica, De legibus, Cato maior de senectute, Laelius de amicitia*, edited by J. G. F. Powell(Oxford: Oxford University Press, 2006).

_____, *Über die Gesetze*. Übersetzt, erläutert und einem "Essay Zum Verständnis des Werkes" herausgegeben von Elmar Bader und Leopold Wittmann(Hamburg: Rowohlt, 1969).

_____, *De legibus*, herausgegeben von Konrat Ziegler(Heidelberg: Verlag Ploetz, 1979).

_____, *De legibus I*, edited with introduction and commentary by Niall Rudd & Thomas Wiedemann(Bristol Classical Press, 1987).

_____, *On the Commonwealth and On the Laws*, edited and translated by James E. G. Zetzel(New York: Cambridge University Press, 1999).

_____, *Lo Stato, Le leggi, I doveri*, curato da N. Zorzetti, L. Ferrero(Torino: UTET, 2009).

키케로, 마르쿠스 툴리우스, 『법률론』(개정판), 성염 옮김(파주: 한길사, 2021).

キケロー, 『哲学Ⅰ: 国家について、法律について』, 岡道男 訳(東京: 岩波書店, 1999).

西塞罗, 『论法律』, 钟书峰 译(北京: 法律出版社, 2022).

2차 자료

Berger, Adolf, *Encyclopaedic Dictionary of Roman Law*(Philadelphia: American Philosophical Society, 1953).

Dolganov, Anna, "Constructing Author And Authority: Generic Discourse In Cicero's De Legibus", *Greece & Rome* 55(2008).

Dyck, Andrew Roy, *A Commentary on Cicero, De Legibus*(Michigan: University of Michigan Press, 2004).

Festus, *De verborum significatu quae supersunt com Pauli epitome*, Edidit Aemilius Thewrewk de Ponor. Pars 1(1889).

Görler, Woldemar, "Silencing the Troublemaker: *De legibus* I.39 and the Continuity of Cicero's Scepticism", edited by J. G. F. Powell, *Cicero the philosopher*(Oxford, 1995).

Knoche, Ulrich, "Ciceros Verbindung der Lehre vom Naturrecht mit dem römischen Recht und Gesetz. Ein Beitrag zu der Frage: Philosophische Begründung und politische Wirklichkeit in Ciceros Staatsbild", *Cicero - Ein Mensch seiner Zeit*, herausgegeben von Gerhard Radke(Berlin: De Gruyter, 1968).

Mayer–Maly, Theo, *Gemeinwohl und Naturrecht bei Cicero*(Wien: Springer, 1960).

Schindler, Winfried, ""Natura" als oberstes Prinzip des Handelns. Ein ethischer Wert in Interpretation und Diskussion von Texten aus Ciceros "De legibus"", *Der altsprachliche Unterricht* 39(1996), pp. 28~48.

Vander Waerdt, Paul A., "Philosophical Influence on Roman Jurisprudence? The Case of Stoicism and Natural Law", *Philosophie, Wissenschaften, Technik. Philosophie* 36(7), edited by W. Haase(De Gruyter, 1987), pp. 4851~4901.

리비우스, 티투스, 『리비우스 로마사 Ⅰ』, 이종인 옮김(현대지성, 2018).

_____, 『리비우스 로마사 Ⅱ』, 이종인 옮김(현대지성, 2019).

몸젠, 테오도르, 『몸젠의 로마사 2』, 김남우 · 김동훈 · 성중모 옮김(푸른역사, 2014).

심정훈, 「인간의 본성과 정의의 원리 − 키케로의 『법률론』 1권을 중심으로」, 서울대학교 대학원 인문대학 협동과정 서양고전학전공 석사학위논문(2018).

성중모, 「키케로 『법률론』의 법론과 법개념」, 『법사학연구』 제54호(2016), 297~334쪽.

이창우, 「스토아철학에 있어서 자기지각과 자기애」, 『철학사상』 17권(2003), 215~243쪽.

최병조, 「십이표법(대역)」, 『법학』 제32권(1991).

크세노폰, 『키로파에디아: 키루스의 교육』, 이은종 옮김(주영사, 2012).

키케로, 『예언에 관하여』, 강대진 옮김(그린비, 2001).

_____, 『투스쿨룸 대화』, 김남우 옮김(아카넷, 2021).

_____, 『라일리우스 우정론』, 김남우 옮김(아카넷, 2022).

_____, 『의무론』, 임성진 옮김(아카넷, 2024).

플라톤, 『플라톤의 법률 1』, 김남두 외 옮김(나남, 2018).

_____, 『플라톤의 법률 2』, 김남두 외 옮김(나남, 2018).

_____, 『파이드로스』, 김주일 옮김(아카넷, 2020).

호메로스, 『오뒷세이아』, 이준석 옮김(아카넷, 2023).

찾아보기

1. 아라비아숫자는 권과 문단 번호를 가리킨다. 예를 들어 '2.20'은 『법률론』 2권 20절을 가리킨다. 단편에 나오는 단어의 경우에는 '단편'과 그 번호를 표기하였다.

2. 약호의 의미는 다음과 같다.
☞ : 해당 항목에 가서 확인할 수 있다.
— : 표제어에서 파생하거나 표제어와 연관되는 낱말.
→ : 표제어와 같은 낱말을 다른 낱말로 번역했을 때.
※ : 표제어가 직접 본문에 등장하지 않지만 그것을 지칭하는 것이 명백한 경우.

일반 용어

한국어-라틴어

라틴어-한국어

고유명사

옮긴이의 말

1990년대 초반 송영배 선생님의 동양철학사 강의를 들었다. 강의 교재는『중국철학사자료간편』(中国哲学史资料简编 先秦部分, 中国科学院哲学研究所中国哲学史组 北京大学哲学系中国哲学史教研室 上册/下册, 北京 中华书局, 1962)이었는데, 발제 과제를 분담할 때 나는 만연(漫然)히 법가를 맡았다. 법가를 전혀 알지 못함에도 불구하고 그 주제가 나에게 돌아오는 것을 보고 '아, 이것이 나의 운명이구나!'하고 생각했다. 2019년에 한국연구재단의 인문사회연구소지원사업에 정암학당 소속의 키케로 연구 번역팀이 선정되어 발족했는데, 번역할 작품을 분담할 때에도 다시 한 번 군소리 없이『법률론』을 떠안았다. 30년 전과 마찬가지로 내가『법률론』에 관하여 다른 연구자들보다 이해가 한 치라도 앞서서가 아니라, 다른 작품을 더 잘 번역할 실력이 안 돼서임을 고백한다.

『법률론』의 윤독은 2023년 초에 시작하여 연구자들의 적극적 협력으로 그해 말에 이미 완료하였다. 역자의 게으름과 무능력으로 후반 작업이 많이 지체되었다. 이번 번역 작업은 언제나처럼 개인적으로 큰 고역이었지만 동시에 성장의 비옥한 거름이었다. 깨달았던 많은 것들이 번역에 반영되어 독자들에게 조금이라도 돌아갔으면 한다.

간지(干支) 예순 개가 서서히 시야에 들어오는 요즘 매일 모든 일에 무리(無理)보다 조리(條理)가 압박한다. 그리고 단독보다는 공동이 삶이 아닐까 한다. 정암학당에서 원문 강독과 윤독을 통해 수많은 오류를 고쳐주신 김선희, 김기영, 김진식, 양호영, 이선주, 임성진, 이호섭 선생님께 감사드린다. 이번에 최초로 동종 업계 이상훈 선생님의 도움을 받았는데 진작부터 받지 못한 게 아쉽다. 정암학당의 이정호 이사장님과 김주일 학당장님, 전현직 연구실장이신 한경자, 양호영 두 분, 마지막으로 아카넷 출판사, 특히 박수용 팀장님과 편집에 지극한 세공(細工)을 들여 주신 김명준 선생님께 감사드린다.

2025년 4월

성중모

사단법인 정암학당을 후원해 주시는 분들

정암학당의 연구와 역주서 발간 사업은 연구자들의 노력과 시민들의 귀한 뜻이 모여 이루어집니다. 학당의 모든 연구는 시민들의 자발적인 후원을 바탕으로 하기 때문입니다. 그 결실을 담은 '정암고전총서'는 연구자와 시민의 연대가 만들어 내는 고전 번역 운동의 산물이라고 할 수 있습니다. 이 같은 학술 운동의 역사적 의미를 기리고자 이 사업에 참여한 후원회원 한 분 한 분의 정성을 이 책에 기록합니다.

평생후원회원

Alexandros Kwanghae Park		강대진	강상진	강선자	강성훈	강순전	강승민	강주완
강창보	강철웅	고재희	공기석	권세혁	권연경	권장용	기종석	길명근	김경랑
김경현	김귀녀	김기영	김남두	김대겸	김대오	김미성	김미옥	김병연	김상기
김상수	김상욱	김상현	김석언	김석준	김선희(58)	김성환	김숙자	김순옥	김영균
김영순	김영일	김영찬	김영희	김옥경	김운찬	김유순	김 율	김은자	김은희
김인곤	김재홍	김정락	김정란	김정례	김정명	김정신	김정화	김주일	김지윤(양희)
김지은	김진규	김진성	김진식	김창완	김창환	김출곤	김태환	김 헌	김현래
김현주	김혜경	김혜자	김효미	김휘웅	도종관	류한형	문성민	문수영	문우일
문종철	박계형	박금순	박금옥	박명준	박병복	박복득	박상태	박선미	박선영
박선희	박세호	박승찬	박윤재	박정수	박정하	박종면	박종민	박종철	박진우
박창국	박태일	박현우	박혜영	반채환	배인숙	백도형	백영경	변우희	사공엽
서광복	서동주	서 명	성 염	서지민	설헌석	성중모	손병석	손성석	손윤락
손효주	송경순	송대현	송성근	송순아	송요중	송유레	송정화	신성우	심재경
안성희	안 욱	안재원	안정옥	양문흠	양호영	엄윤경	여재훈	염수균	오서영
오지은	오흥식	유익재	유재민	유태권	유 혁	유형수	윤나라	윤신중	윤정혜
윤지숙	은규호	이광영	이기백	이기석	이기연	이기용	이도헌	이두희	이명호
이무희	이미란	이민성	이민숙	이상구	이상원	이상익	이상인	이상희(69)	이상희(82)
이석호	이순이	이순정	이승재	이시연	이아람	이영원	이영호(48)	이영호(66)	이영환
이옥심	이용구	이용술	이용재	이용철	이원제	이원혁	이유인	이은미	이임순
이재경	이재환	이정선(71)	이정선(75)	이정숙	이정식	이정호	이종환(71)	이종환(75)	이주완
이주형	이지민	이지수	이 진	이창우	이창연	이창원	이충원	이춘매	이태수
이태호	이필렬	이한주	이향섭	이향자	이황희	이현숙	이현임	임대윤	임보경
임성진	임연정	임창오	임환균	장경란	장동익	장미성	장영식	전국경	전병환
전헌상	전호근	정선빈	정세환	정순희	정연교	정옥재	정은정	정 일	정정진
정재문	정준영(63)	정준영(64)	정해남	정흥교	정희영	조광제	조대호	조병훈	조성대
조익순	조준호	지도영	차경숙	차기태	차미영	채수환	최 미	최세용	최수영
최병철	최영아	최영임	최영환	최운규	최원배	최윤정(77)	최은영	최인규	최지호
최 화	최현석	표경태	풍광섭	하선규	하성권	한경자	한명희	허남진	허선순
허성도	허영현	허용우	허정환	허지현	홍섬의	홍순정	홍 훈	황경화	황규빈
황예림	황유리	황주영	황희철						
가지런e류 교정치과		나와우리 〈책방이음〉		도미니코수도회		도바세	
방송대문교소담터스터디		방송대영문과07학번미아팀		법률사무소 큰숲		부북스출판사(신현부)	

생각과느낌 정신건강의학과　　　이제이북스　　　　(주)알파휴　　　　카페 벨라온

(개인 292, 단체 12, 총 304)

후원위원

강성식	강용란	강진숙	강태형	고명선	곽삼근	곽성순	구미희	권소연	권영우
권이혁	길양란	김경원	김나윤	김대권	김대희	김명희	김미란	김미선	김미향
김백현	김복희	김상봉	김성민	김성윤	김순희(1)	김승우	김양희	김애란	김연우
김영란	김용배	김윤선	김장생	김정수	김정이	김정자	김지수(62)	김진숙(72)	김현자
김현제	김형준	김형희	김희대	맹국재	문영희	박미라	박수영	박우진	박원빈
박종근	박태준	박현주	백선옥	서도식	성민주	손창인	손혜민	송민호	송봉근
송상호	송찬섭	신미경	신성은	신영옥	신재순	심명은	안희돈	양은경	양정윤
오현주	오현주(62)	우현정	원해자	유미소	유효경	이경선	이경진	이명옥	이봉규
이봉철	이선순	이선희	이수민	이수은	이순희	이승목	이승준	이신자	이은수
이정민	이정인	이지희	이진희	이평순	임경미	임우식	장세백	장영재	전일순
정삼아	정은숙	정태윤	정태흡	정현석	조동제	조명화	조문숙	조민아	조백현
조범규	조성덕	조정희	조진희	조태현	주은영	천병희	최광호	최세실리아	최승*
최승아	최이담	최정옥	최효임	한대규	허 광	허 민	홍순혁	홍은규	홍정수
황정숙	황훈성	정암학당1년후원							

문교경기 〈처음처럼〉　　　　　문교수원3학년학생회　　　　　문교안양학생회　　　　　문교경기8대학생회
문교경기총동문회　　　　　　문교대전충남학생회　　　　　문교베스트스터디　　　　　문교부산지역7기동
문교부산지역학우일동(2018)　　문교안양동문(2024)　　　　　문교안양학습관　　　　　문교인천동문회
문교인천지역학생회　　　　　방송대동아리 〈아노도스〉　　　방송대동아리 〈예사모〉
방송대동아리 〈프로네시스〉　　사가독서회

(개인 133, 단체 17, 총 150)

후원회원

강경훈	강경희	강규태	강보슬	강상훈	강선옥	강성만	강성심	강신은	강유선
강은미	강은정	강임향	강창조	강 항	강희석	고강민	고경효	고복미	고숙자
고승재	고창수	고효순	공경희	곽범환	곽수미	구본호	구외숙	구익희	권 강
권동명	권미영	권성철	권순복	권순자	권오경	권오성	권오영	권용석	권원만
권정화	권해명	권혁민	김건아	김경미	김경원	김경화	김광석	김광성	김광택
김광호	김귀종	김길화	김나경(69)	김나경(71)	김남구	김대영	김대훈	김동근	김동찬
김두훈	김 들	김래영	김명주(1)	김명주(2)	김명하	김명화	김명희63	김문성	김미경(*
김미경(63)	김미숙	김미정	김미형	김민경	김민웅	김민주	김범석	김병수	김병욱
김보라미	김봉습	김비단결	김선규	김선민	김선희(66)	김성곤	김성기	김성은	김성은(*
김세은	김세원	김세진	김수민	김수진	김수환	김숙현	김순금	김순태	김순호
김순희(2)	김시인	김시형	김신태	김신판	김승원	김아영	김양식	김영선	김영숙
김영숙(2)	김영애	김영준	김영효	김옥주	김용술	김용한	김용희	김유석	김유진

김은미	김은심	김은정	김은주	김은파	김인식	김인애	김인욱	김인자	김일학
김정근	김정식	김정현	김정현(96)	김정훈	김정희(1)	김정희(2)	김종태	김종호	김종희
김주미	김주희	김중우	김지수(2)	김지애	김지열	김지유	김진숙(71)	김진태	김철한
김충구	김태식	김태욱	김태헌	김태훈	김태희	김평화	김하윤	김한기	김현규
김현숙(61)	김현숙(72)	김현우	김현정	김현정(2)	김현중	김현철	김형규	김형전	김혜리
김혜숙(53)	김혜숙(60)	김혜원	김혜정	김홍명	김홍일	김희경	김희성	김희정	김희준
나의열	나춘화	나혜연	남수빈	남영우	남원일	남지연	남진애	노마리아	노미경
노선이	노성숙	노채은	노혜경	도진경	도진해	류남형	류다현	류동춘	류미희
류시운	류연옥	류점용	류종덕	류지아	류진선	모영진	문경남	문상흠	문순현
문영식	문정숙	문종선	문준혁	문찬혁	문행자	민 영	민용기	민중근	민해정
박경남	박경수	박경숙	박경애	박귀자	박규철	박다연	박대길	박동심	박명화
박문영	박문형	박미경	박미숙(67)	박미숙(71)	박미자	박미정	박믿음	박배민	박보경
박상선	박상윤	박상준	박선대	박선영	박성기	박소운	박수양	박순주	박순희
박승억	박연숙	박영찬	박영호	박옥선	박원대	박원자	박유정	박윤하	박재준
박재학	박정서	박정오	박정주	박정은	박정희	박종례	박주현	박주형	박준용
박준하	박지영(58)	박지영(73)	박지창	박지희(74)	박지희(98)	박진만	박진선	박진헌	박진희
박찬수	박찬은	박춘례	박태안	박한종	박해윤	박헌민	박현숙	박현자	박현정
박현철	박형전	박혜숙	박홍기	박희열	반덕진	배기완	배수영	배영지	배제성
배효선	백기자	백선영	백수영	백승찬	박애숙	백현우	변은섭	봉성용	서강민
서경식	서근영	서두원	서민정	서범준	서봄이	서승일	서영식	서옥희	서용심
서원호	서월순	서정원	서지희	서창립	서회자	서희승	석현주	설진철	성윤수
성지영	소도영	소병문	소상욱	소선자	손금성	손금화	손동철	손민석	손상현
손정수	손지아	손태현	손한결	손혜정	송금숙	송기섭	송명화	송미희	송복순
송석현	송연화	송염만	송원욱	송원희	송용석	송유철	송인애	송진우	송태욱
송효정	신경원	신경준	신기동	신명우	신민주	신상하	신성호	신영미	신용균
신정애	신지영	신혜경	심경옥	심복섭	심은미	심은애	심재윤	심정숙	심준보
심희정	안건형	안경화	안미희	안숙현	안영숙	안정숙	안정순	안진구	안진숙
안화숙	안혜정	안희경	안희돈	양경엽	양미선	양병만	양선경	양세규	양예진
양지연	양현서	엄순영	오명순	오성민	오승연	오신명	오영수	오영순	오유석
오은영	오진세	오창진	오혁진	옥명희	온정민	왕현주	우남권	우 람	우병권
우은주	우지호	원만희	유두신	유미애	유성경	유승현	유정모	유정원	유 철
유향숙	유희선	윤경숙	윤경자	윤선애	윤수홍	윤여훈	윤영미	윤영선	윤영이
윤에스더	윤 옥	윤은경	윤재은	윤정만	윤혜영	윤혜진	이건호	이경남(1)	이경남(72)
이경미	이경아	이경옥	이경원	이경자	이경희	이관호	이광로	이광석	이군무
이궁훈	이권주	이나영	이다연	이덕제	이동래	이동조	이동춘	이명란	이명순
이미옥	이민희	이병태	이복희	이상규	이상래	이상봉	이상선	이상훈	이선민
이선이	이성은	이성준	이성호	이성훈	이성희	이세준	이소영	이소정	이수경
이수련	이숙희	이순옥	이승훈	이승훈(79)	이시현	이양미	이연희	이영민	이영숙
이영실	이영신	이영애	이영애(2)	이영철	이영호(43)	이옥경	이용숙	이용안	이용웅
이용찬	이용태	이원용	이유진	이윤열	이윤주	이윤철	이은규	이은심	이은정

이은주	이이숙	이인순	이재현	이정빈	이정석	이정선(68)	이정애	이정임	이종남
이종민	이종복	이준호	이중근	이지석	이지현	이진아	이진우	이창용	이철주
이춘성	이태곤	이태목	이평식	이표순	이한솔	이 혁	이현주(1)	이현주(2)	이현호
이혜영	이혜원	이호석	이호섭	이화선	이희숙	이희정	임미정	임석희	임솔내
임정환	임창근	임현찬	장모범	장선희	장시은	장영애	장오현	장재희	장지나
장지원(65)	장지원(78)	장지은	장철형	장태순	장해숙	장홍순	전경민	전다록	전미래
전병덕	전석빈	전영석	전우성	전우진	전재혁	전종호	전진호	정경회	정계란
정금숙	정금연	정금이	정금자	정난진	정미경	정미숙	정미자	정상묵	정상준
정선빈	정세영	정아연	정양민	정양욱	정 연	정연화	정영목	정영훈	정옥진
정용백	정우정	정유미	정은정	정일순	정재연	정재웅	정정녀	정지숙	정진화
정창화	정하갑	정현진	정은교	정해경	정현주	정현진	정호영	정환수	조권수
조길자	조덕근	조미선	조미숙	조병진	조성일	조성혁	조수연	조슬기	조영045
조영수	조영신	조영연	조영호	조예빈	조용수	조용준	조윤정	조은진	조정란
조정미	조정옥	조정원	조증윤	조창호	조황호	주봉희	주연옥	주은빈	지정훈
진동성	차문송	차상민	차혜진	채장열	천동환	천명옥	최경식	최명자	최미경
최보근	최석묵	최선희	최성준	최수현	최숙현	최연우	최영란	최영부	최영순
최영식	최원욱	최유숙	최유진	최윤정(66)	최은경	최일우	최자련	최재식	최재원(○
최재원(2)	최재혁	최정욱	최정호	최정환	최종희	최준원	최지연	최진욱	최혁규
최현숙	최혜정	표종삼	하승연	하혜용	한미영	한규호	한생곤	한선미	한연숙
한옥희	한윤주	한호경	함귀선	허미정	허성준	허 양	허 웅	허인자	허정우
홍경란	홍기표	홍병식	홍성경	홍성규	홍성은	홍순아	홍영환	홍은영	홍의중
홍지흔	황경민	황광현	황미영	황미옥	황선영	황신해	황은주	황재규	황정희
황현숙	황혜성	황희수	kai1100	익명					

리테라 주식회사 문교강원동문회 문교강원학생회 문교경기 〈문사모〉
문교경기동문 〈문사모〉 문교서울총동문회 문교원주학생회 문교잠실송파스터디
문교인천졸업생 문교전국총동문회 문교졸업생 문교8대전국총학생
문교11대서울학생회 문교K2스터디 서울대학교 철학과 학생회
(주)아트앤스터디 영일통운(주) 장승포중앙서점(김강후) 책바람

(개인 745, 단체 19, 총 764)

2025년 2월 28일 현재, 1,170분과 48개의 단체(총 1,218)가 정암학당을 후원해 주고 계십니다.

| 옮긴이

성중모

서울시립대학교 법학전문대학원 교수. 정암학당 연구원. 서울대학교와 독일 뮌스터 (Münster) 대학교 및 본(Bonn) 대학교에서 민법과 로마법을 연구했으며, 『민법상 첨부에 따르는 손해보상청구권의 학설사적 연구』로 박사학위를 취득하였다. 지은 책으로 『나는 시민이다』(공저)가 있고, 옮긴 책으로 키케로의 『설득의 정치』(공역)와 『토피카』, 테오도르 몸젠의 『몸젠의 로마사 1~6』(공역), 『개설 서양법제사』(공역)가 있다.

정암고전총서는 정암학당과 아카넷이 공동으로 펼치는 고전 번역 사업입니다.
고전의 지혜를 공유하여 현재를 비판하고 미래를 내다보는 안목을 키우는
문화적 기반을 마련하고자 합니다.

정암고전총서 키케로 전집

법률론

1판 1쇄 찍음 2025년 3월 19일
1판 1쇄 펴냄 2025년 4월 9일

지은이 키케로
옮긴이 성중모
펴낸이 김정호

책임편집 김명준
디자인 이대응

펴낸곳 아카넷
출판등록 2000년 1월 24일(제406-2000-000012호)
주소 10881 경기도 파주시 회동길 445-3 2층
전화 031-955-9510(편집) · 031-955-9514(주문)
팩시밀리 031-955-9519
www.acanet.co.kr

Printed in Paju, Korea.

ISBN 978-89-5733-946-6 94160
ISBN 978-89-5733-746-2 (세트)

이 저서는 2022년 대한민국 교육부와 한국연구재단의 지원을 받아 수행된 연구입니다.
(NRF-2022S1A5C2A02092200)